知食

美食里的亲子时光

杜莹 著

机械工业出版社
CHINA MACHINE PRESS

这本书讲述了作者在养育女儿的过程中，通过和孩子一起做饭、吃饭，营造了温馨的家庭氛围的故事。其中穿插了各种美食的制作方法，是一本能够帮助读者增进亲子关系，并爱上生活、享受生活的书。厨房是她们自由创作的场所，食材的色香味组合，食器的选择搭配，食物的摆盘装饰，这些有着无限组合的小小创作，总能带来意想不到的美感体验，令人身心愉悦。孩子在厨房里可以体会妈妈做饭时的辛苦，厨房就像个宝藏，藏着无穷无尽的知识，创造着最美的亲子时光。

图书在版编目（CIP）数据

知食：美食里的亲子时光 / 杜莹著. — 北京：机械工业出版社，2022.4

ISBN 978-7-111-70426-3

Ⅰ.①知… Ⅱ.①杜… Ⅲ.①亲子关系-家庭教育 Ⅳ.①G78

中国版本图书馆CIP数据核字（2022）第048791号

机械工业出版社（北京市百万庄大街22号 邮政编码100037）
策划编辑：李妮娜　　　　责任编辑：李妮娜
责任校对：炊小云　李　婷　封面设计：吕凤英
责任印制：郜　敏
北京瑞禾彩色印刷有限公司印刷
2022年5月第1版第1次印刷
145mm×210mm·7.375印张·125千字
标准书号：ISBN 978-7-111-70426-3
定价：69.80元

电话服务　　　　　　　　　网络服务
客服电话：010-88361066　　机　工　官　网：www.cmpbook.com
　　　　　010-88379833　　机　工　官　博：weibo.com/cmp1952
　　　　　010-68326294　　金　书　网：www.golden-book.com
封底无防伪标均为盗版　　　机工教育服务网：www.cmpedu.com

一年年日子过得可真快,飞逝间小满都上六年级了,是个穿36.5码球鞋,身高155cm的大姑娘了,以前那个老是抬头望着我,抱着我的手臂摇啊摇,笑起来眯起眼睛,喜欢躲到我背后的小肉团子,突然长大了。

孩子长大了,可真是好。

走在路上我们喜欢手拉着手,一起看长得帅气的男生;一起追喜欢的综艺;有重的东西她总是要抢着提;每次出差都要唠唠叨叨嘱我一番,还会给我写一堆备忘录;我难过的时候她就用瘦瘦

的双臂抱抱我,像她小时候我哄她一般用手轻轻地拍,然后和我一起骂骂咧咧;周末或者假期的时候她喜给我们做饭。喜欢做饭这件事,大概率是遗传我。

从小我就喜欢让她待在厨房,很多食材便是她的天然玩具,连刀叉这些危险品我都没有特别束之高阁,而是手把手教她怎么用,当然也严肃警告过她。厨房其实是一个蛮好的教学场所,又自在又方便还不用额外的花费。春夏秋冬都会有不同的应季食材。我告诉她大自然有着自己的时间密码,敬畏自然才能更好享受自然的馈赠。而大自然也是最厉害的艺术家,各色各样的食材有着好看的颜色和五花八门的形状。你知道苹果横着切开来有什么吗?是闪闪的"星星"。你知道紫甘蓝对半切开藏了什么吗?有一棵大大的"树"。你知道紫红色的火龙果要是榨汁和面蒸出来是什么颜色吗?是漂亮的肉粉色……

厨房还是一个自由创作的场所,食材的色香味组合,食器的选择搭配,食物的摆盘装饰,这些有着无限组合的小小创作,总能带来意想不到的美感体验,令人身心愉悦。食物之美是日常细细碎碎生活给予我们的珍贵回礼。大多数人的生活大抵平淡寻常、鸡毛蒜皮,但是普通的东西也可以经营得活色生香,一滩子死水照样摇曳成碎金般迷人,就连黑乎乎的乌云都可以镶嵌上闪闪发光的金边。温柔平和地好好生活,不时给自己寻找快乐,在自己的小天地里大口大口吸饱养分,这样才有在滚滚红尘里打拼的动力。

所以说,厨房真的是个宝藏,藏着无穷无尽的知识,创造着最美的亲子时光,积蓄着绵绵不断的力量,还有着无处不在的家人之间温暖的爱和无需理由的包容。

小满很小的时候就知道厨房里忙碌的妈妈是辛苦的,因为她亲身体会到了夏天站在炉灶旁的汗流浃背,剥洋葱时刺激出的眼泪,处理鱼鳞时不小心被刮破的手皮,被爆起的油滴溅到的刺痛。厨房就像个魔术箱,每一天都会变出精心烹饪的各种美味。但是厨房里的妈妈并不是不知疲倦的机器人,是对家人的爱让妈妈变成了不起的"魔术师",愿意早早起来,愿意绞尽脑汁,愿意穿梭在腾腾的油烟中。小满开始做饭,我和她的爸爸都觉得快活。尤其是假期,隔三岔五我就能当甩手掌柜,除了可以偷懒,被孩子照顾的感觉也真是很奇妙呢。

回头整理这些资料,觉得真是美好的时光。和孩子一起认真对待每一件食材,把它变成最好的样子,暖洋洋地吃进肚子里,顺带也把快乐和喜悦装进身体。现在把这些珍贵的记忆拿出来,分享给热爱生活的你。时间从来没有自己发光,是热爱的态度,一直闪亮。

只愿生活风平浪静,恬淡安宁。只愿小满健康快乐,来去自由。
愿所有热爱生活的人都能在日日如常中得到温暖与治愈。

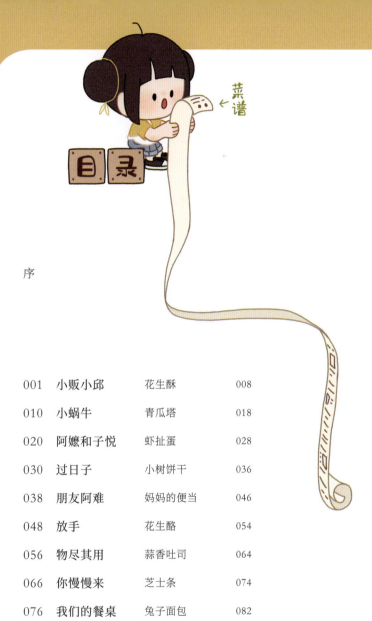

菜谱

目录

序

001	小贩小邱	花生酥	008
010	小蜗牛	青瓜塔	018
020	阿嬷和子悦	虾扯蛋	028
030	过日子	小树饼干	036
038	朋友阿难	妈妈的便当	046
048	放手	花生酪	054
056	物尽其用	蒜香吐司	064
066	你慢慢来	芝士条	074
076	我们的餐桌	兔子面包	082
084	家传梅子肉	梅子肉	092
094	彩虹面	蝴蝶面&海螺面	100
102	狗狗的幸福	糯米香枣	110

112	绝版鸡肉丝	鸡肉丝	118
120	晨光老板娘和梅龙镇点心师傅	芝心紫薯球	128
130	乐观的太阳蛋	三丝太阳蛋	138
140	鱼丸里的功夫	咖喱鱼丸	148
150	茶楼小聚	酒酿核桃羹	158
160	豆沙圆子	豆沙小圆子	168
170	大厨牌蛋炒饭	牛肉蛋炒饭	176
178	一点小心思	秋葵厚蛋烧	186
188	时间的力量	百果燕麦脆饼	196
198	有些菜就是热闹呀	关东煮	206
208	小住	炸馄饨	216
218	学会爱人	金橘酱	226

小贩小邱

放学之后,我和小满一起去学校边上的菜场。这里有花花绿绿的各色食材,形形色色的顾客,邻里间互相说着熟悉的方言,还有随处可见的点头微笑的小商小贩,总之到处都是浓浓的生活味和满满的烟火气。

我们牵着手转了小半圈就被一声清脆的声音叫住了,回身看原来是我们常去光顾的那家炒货摊的小邱。小邱和她丈夫几年前在街边摆摊,铺着塑料雨布,上面一口袋一口袋地堆着米面,后来改骑黄鱼车卖些坚果杂粮,冬天还额外支个炉子做糖炒栗子,夏天就加卖些凉皮、水果。

小两口和善,卖的食材也好,我们一来二去就熟识起来。有阵子

没见，还以为他们回老家了，不想却在集市里遇上。我笑着问她："怎么在这里了呢？"她乐呵呵地从编织袋里抓了把瓜子塞给小满。"闺女又蹿个儿了呢！"她说着搓了搓手，有些羞涩地说道，"上周租的摊位，这下不用在外头打游击了。"她伸手抓了两把红衣花生装进塑料袋递给我："饶阳产的，特别好。"我正巧要做花生酥，就管她要了二斤。她麻利地上了秤，抹了零头，扎扎实实地包好递给我，又指了边上的小馄饨说："自己剁的肉馅，皮儿也是

小贩小邱

自家做的,带点去不?"我点了点头。小邱实在,她推荐的东西倒是从来没有差过。

拎着馄饨出菜场的时候刚好遇上小邱的丈夫拉了货回来。他皮肤晒得黝黑发亮,光着膀子提了两个大麻袋,满身的汗,脸上漾着笑意,正大步腾腾地往里赶。

小满拉了拉我的袖子说:"妈妈,小邱阿姨他们真的挺棒的。"说

小贩小邱

着又回头去看,"你看,他们都有自己的铺子了呢。对了,妈妈,以后我们就在他们铺子买东西,好吧?"我朝她点头。凭借自己的勤劳和踏实,在一座陌生的城市慢慢扎根,虽然有诸般艰辛,却始终笑着面对,这般热爱生活又努力的人,在哪里生活都会很幸福。所以啊,幸福总会以不同方式悄悄来到追求幸福的人身边。

我拉着小满往家走,要快些把红衣花生变成美味的花生酥,日子的暖洋洋、白胖胖、亮晶晶,都得靠自己好好经营啊!

花生酥

材料

熟花生 100g　　鸡蛋 1枚　　黄油 80g

低筋粉 120g　　糖粉 50g　　炼乳 20g

步骤

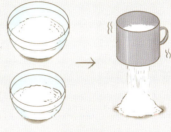

①花生压碎,黄油常温软化备用

②低筋粉、糖粉混合过筛

③筛好的低筋粉和糖粉中加入打散的鸡蛋与软化的黄油

④加入花生碎和炼乳,揉匀成面粉团

⑤揉成小圆球,稍稍压扁,刷一层蛋黄液,在上面按一颗去皮花生

⑥烤箱预热170℃,上下火烤12分钟左右

小蜗牛

因为小满爸爸出差,晚上就我和小满两人吃饭。我觉得胸闷头痛,匆匆扒了几口饭,就窝在沙发上休息。小满看我不舒服,也搁了碗筷,跟过来摸着我的额头说:"妈妈你发烧了吗?"我摆摆手让她快去吃饭,又叮嘱她把汤喝完,吃完后去写作业。

我正迷迷糊糊之际,就听到丁零当啷的声响。眯着眼睛朝声响处看,只见小满撸着袖子,很认真地收拾碗筷。水槽里哗啦啦地开着水,她端着盘子绕过餐桌,拿起布麻利地开始刷碗。我蜷缩回去,心头有些欢喜,连带着头痛都好了些。最近我们不时要起些冲突,多半是因为她的磨磨蹭蹭、我的急火攻心。我看她就像电视里演的慢镜头那样,刷牙、洗脸、吃饭、睡觉、练钢琴、写作业每一样都

小蜗牛

慢吞吞、笃悠悠。而她看我该是那些按了快进键、配了激昂背景乐的快动作,急匆匆、火燎燎,所以我俩很自然地火花四溢。

小满收拾完餐桌,乖巧地倒了杯水递给我,说:"妈妈我收拾好了,马上就去写作业。"她走了两步又回过头来说:"水喝完了叫我,我再给你倒。"我听到她扭开台灯的声音,拉动椅子的声音,然后静悄悄只有时钟的滴答声。过了一阵,她拿家校本让我签字,"我写完了。妈妈,你不舒服,所以我自己检查好了。"我接过来,意外地发现,她的字端正恭敬,想来写作业的时候是认真与专心的。我拿笔写名字,她又凑近塞给我一张皱巴巴的纸条。我展开看,上面工整地写了几行字:"我会努力做个不拖拉的人,妈妈不要生气,不要生病,快点好。"底下密密麻麻画了好多爱心,还有牵着手的妈妈和小满。

小蜗牛

小蜗牛

我的鼻子本来就塞住,这下更是泛酸。"其实磨蹭也不是太糟糕的事吧,除了磨蹭她还有很多很多优点啊!"我在心底跟自己说,"一个拿着放大镜找孩子缺点的妈妈,真的是让人很讨厌啊!"

我抱了抱小满说:"谢谢你今天照顾我,我觉得好多了。"她显得很开心,说:"妈妈我给你做青瓜塔吃,好吗?"我颔首。每次她一生病我就做红红绿绿的青瓜塔,讨她开心。"吃完你就不会头痛

知食　美食里的亲子时光

了。"她边说边踮着脚去拉冰箱门。

我的心暖洋洋的。这只慢吞吞的小蜗牛,一直有着自己的闪闪金光。当初说好的静待花开,说好的陪蜗牛散步呢?

此文为证,决不食言。

青瓜塔

材料

青瓜（北方称之为"黄瓜"）2根

紫薯 250g

裱花袋

牛奶 40g

淡奶油 40g

炼乳 30g

步骤

① 青瓜去皮切成大约 3cm 长的段,用勺柄掏去中间的籽,但注意不要掏破底

② 紫薯蒸熟,压成紫薯泥

③ 在紫薯泥中加入牛奶、淡奶油和炼乳,搅拌均匀成紫薯糊,注意不能太稀

④ 将紫薯糊装入裱花袋,挤压进做好的青瓜底座里即可

阿嬷和子悦

傍晚六点多的时候,阿嬷给我打电话,"你那边还有面粉吗?想做点黄金虾。子悦八点半的飞机,接他的时候刚好可以热乎乎地带去,坐了这么久飞机,肯定饿坏了。"话筒那边传来噼里啪啦的热油声,还伴着叮当的锅铲声,"正在炸熏鱼呢,尝了下,味道不错。"电话那头声音轻快、满心喜悦,隔着手机屏幕都能感受到那种兴奋与开心。

阿嬷和子悦

眯火

 + =

我赶忙给阿嬷把面粉送过去,从他家的院子穿过。大红色的非洲菊正开得娇艳,边上是小雏菊,花架上都换了新盆景,姹紫嫣红的,好不热闹。阿嬷来开门,系着围裙,脑门子密密的汗,乐呵呵地接过东西唝道:"你看李老师又跑去买花了,第三趟了,把家里搞得跟花博会似的。"我探头一看,果然红红绿绿的花草,搁满了一屋子。

子悦凑着实习间歇回家小住几日。不过对于阿嬷和李老师来说,这几日才是一年中最重要的日子。前两天散步的时候阿嬷就跟我说:"对于子悦每次的假期我是即开心又害怕,害怕是因为太贪心。子悦只能回来一星期,他在身边,时间总是过得比飞还快。"

周一晚上和阿嬷一起散步,她有些心不在焉,子悦乘一早的飞机回去了。"早上我给他煮了一碗蔬菜燕麦粥,用苹果、柠檬榨了汁。"她显得闷闷的,"子悦把碗都洗了,拖了地,窗帘也都拆了洗好装回去了。"阿嬷说着喉咙有些哽噎,"父亲节他给他爸爸写了封信,

感谢我们的信任、尊重和毫无保留的支持。他爸爸那样的人也红了眼睛。子悦说真是幸运做了我们的儿子。"阿嬷顿了顿又说:"其实我想说,真是幸运他愿意选择我们做他的父母。"

知食　美食里的亲子时光

傍晚的江边有凉习习的风，吹在身上格外地舒爽。步道上有年轻的父亲扶着车后座教孩子骑两轮车，小男孩虎头虎脑的，煞是可爱。我笑着跟阿嬷说："跟子悦小时候挺像，胖乎乎的。"阿嬷也跟着乐："他那时是个小胖墩，商店里没个号码的裤子穿得下。""可谁能想得到现在这么高大帅气了啊！"阿嬷摆摆头笑道："整整一年天天拉他跑步打球，该是很讨厌我的吧！""现在该多感谢你当年的坚持啊！""是啊，孩子真是长大了呢！"

小男孩从我们身边骑过，爸爸已经悄悄放开了手，不过仍旧跑在边上护着他。江边的路灯洒了浅浅的光，打在阿嬷半边脸上，她自言自语道："我们在地球两端各自努力，各自安好，除了不能每天抱抱他健壮的身体，其实什么都没有改变。"

对啊，除了每天紧紧的拥抱变成心中无尽的念想，什么都没有改变，爱仍旧是爱！

虾扯蛋

材料

虾 10只　　鹌鹑蛋 10枚　海苔碎 适量　　　章鱼丸子锅
　　　　　　　　　　　　（用于点缀）

面粉 60g　　淀粉 20g　　椒盐粉、胡椒粉 各1g

盐 2g　　　葱花 适量

步骤

①鲜虾洗净去虾线去壳,留虾尾,可用椒盐先腌制一下,备用

②用面粉、淀粉和水调面糊

③小丸子锅刷油,舀入面糊,放入带尾虾仁,撒椒盐粉和胡椒粉

④再磕入鹌鹑蛋,撒海苔碎和葱花

⑤用小铁针转动面粉虾球,中火烤制3分钟即可

过日子

小满从日本回来之后一直催我去花鸟市场。在北海道的时候她不止一次地跟我感慨:"这里的花真的是太漂亮了,什么时候我们家里也能这么种花呢?"说来惭愧,家里现在只孤零零地剩下几棵仙人掌和几株任其自生自灭的多肉,在主人偶尔想起的照料中顽强地活着。

因为小满一路的"哇哇"感叹,就特别留意了日本的园艺,从一栋栋的小房子前走过,总会忍不住被眼前的花团锦簇吸引住。院子里、窗台上、小径边、甚至墙角,只要有空间的地方无不错落有致地栽上了植物,或者很有心思地摆了园艺的玩偶,花草姹紫嫣红,小物憨态可掬。那天路过一家门面窄窄的木结构旧宅,木板已经泛了白色,门楣也修得低矮,门前就剩一寸落脚地方,主人家却煞费

过日子

031

心思地经营着有限的空间：桃红翠绿、嫩黄黛粉，生机盎然，好不热闹。窗台下有长颈尖嘴的铁皮洒水壶，挂钩上有浆洗得干净的橡胶长手套，小铲子和小钉耙静静地立着。有微醺的轻风，带起门框下皓月色的暖帘。暖帘的底边细细地缝了一排流苏，明媚的阳光透过树影斜斜地照了一角，婉转荡漾。软底的布鞋搁在门外，鞋面上绣了水蓝色的粉蝶花。我盯着鞋子赞叹："针脚真好。"一旁的小满歪着头跟我说："里头住的人一定很好看。""为什么呢？""因为连她的家都这么好看啊！"

"这么好看的家"让我想起以前住奶奶家隔壁的小梅阿姨，院子里的孩子都特别喜欢她。小梅阿姨家里总是香香的，特别干净整齐。她的丈夫阿华是木匠，家里头的大大小小的家当大半都是小梅阿姨画的图纸，阿华叔叔自己亲手打的。茶几、五斗柜上铺着小梅阿姨用棉线钩的倒三角镂空花毯子，窗台上摆着栀子和米兰。小梅阿

过日子

姨家的窗帘上有折起来的花边,是她自己踩着缝纫机做的。多余的布头做了很多好看的发带,分给了院子里的小丫头。小梅阿姨每年用竹筛晒梅子,泡梅子酒,泡的时候会加很多冰糖。我们缠着她讨酒喝,她就笑呵呵地搬出隔年的梅酒,用透明的玻璃杯倒一点给我们尝味道。玻璃杯洗得亮铮铮的,映着我们期待又变形的小脸,小梅阿姨往里头加了点汽水,又添了颗盐津话梅。话梅"咕咚"往下沉,伴着"咕噜咕噜"向上冒的气泡。加工后的梅子酒喝起来酸酸甜甜的,没有一点辛辣味。那时候我就想,原来世上还有这么好喝的酒啊。

而到了夜里,大家凑在大明堂纳凉。小梅阿姨有时会切西瓜,从井水里吊上西瓜,对半又对半,每一片都切得薄薄的,极匀称,用个白玉色的托盘装着。她的手也好看,细细长长葱玉似的,捏了片瓜热情招呼我们吃,又拿了毛巾给我们擦手。小梅阿姨家的毛巾永远

都是雪白雪白的,角上绣了三角形的绿色小树,好看极了。

这大概就是对生活的无限热爱吧,腐木旧瓦、三寸陋舍、粗茶淡饭、一袭布衣,却照旧能把日子过得风生水起,有滋有味。

🌲 小树饼干 🌲
>>>>>>>><<<<<<<<

材料

低筋粉
240g

糖粉
80g

抹茶粉
一大勺

可可粉
一个勺

黄油
120g

鸡蛋
1枚

步骤

①低筋粉和糖粉一起过筛

②将室温软化的黄油与过筛的低筋粉和糖粉一起揉搓均匀,成面包糠状

③加入全蛋液,揉成面团

④将面团分成360g、100g、20g三份

过日子

⑤100g的面团加入抹茶粉，20g的面团加入可可粉，混合均匀

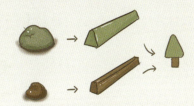

⑥将抹茶面团揉搓成长条三角状作为树冠，将可可面团揉搓成长方条作为树干（可在连接部分搽一点蛋液，帮助黏合）

⑦可将做好的小树造型放入冰箱冷冻半个小时定型

⑧将剩余的黄油面团包裹住小树面团，塑好形，用薄膜纸包好放入冰箱冷冻

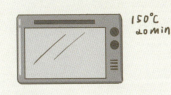

⑨1个小时后即可拿出，切成5mm左右的切片

⑩烤箱预热，150℃烤20分钟即可

朋友阿难

小时候我贪玩摔伤了腿,妈妈送我去了乡下奶奶家养伤。奶奶说鸽子汤养骨伤最好,就隔三岔五炖鸽子汤灌我。可惜的是骨头还是不急不躁缓慢愈合着,但是身上的肉却像吹气球一样欢快肆意地滋长起来,还好小时候体会不到这种肉体膨胀的哀伤。

鸽子在那个年代还算是稀罕物,奶奶托人找了养肉鸽的农户,每周送一趟。我就是那时认识的阿难,起初她跟着她爸爸来,后来走熟了就她自己来了。因为年龄相仿一来二去我们就混得很熟了,即便不送鸽子的辰光,阿难也时常会来串门。我好奇问过她为什么叫"阿难",她挠着头皮有些不好意思地回答我,原来不是"阿难",是"阿男"。她爸爸一直想要个男孩子,结果生下来是个女娃特失

落,就给她取名叫"招男",阿难的妈妈讨厌那套重男轻女的旧思想,硬是给她改了名。因为"阿男,阿男"地叫惯了小名,为了图方便换了个土话里同音的"难"字,又把"招"字改成了"去"字,所以现在她的全名叫"姚去难"。我听着有意思就打趣她:"姚去难,要去难,你妈妈真是个哲学家,改了这么个好名字。"她听了一脸骄傲,抬着下巴乐呵呵地说:"我妈妈不但是哲学家,还是超级大厨。"

知食　美食里的亲子时光

阿难的妈妈在镇上的菜场卖蔬菜，阿难下课也会去帮忙，我翘着脚跟着阿难去菜场玩过几次。阿难的妈妈长得很漂亮，当时电视正在演《小李飞刀》，我直了眼用手肘捅着阿难跟她说："你妈长得有点像那个惊鸿仙子。"阿难笑得眼睛眯成一条线。"可惜你怎么一点都没遗传呢。"她一点不恼，从书包里掏出个小布袋，又从布袋里头拿出个不锈钢的饭盒，打开盖子，把饭盒递到我跟前："我妈做的藕盒，特别好吃，给你留了一块。"阿难在镇上的小学念书，学校没有食堂，所以都是自己带饭。阿难说她妈妈是超级大厨这点还真是不假。

我大口咬着藕盒,一边啧啧称赞,一边好奇地问道:"你妈妈是不是把最好最新鲜的蔬菜都留下来给你做盒饭了啊。"阿难摇着头说:"不是的,都是卖剩什么吃什么的。""蔫儿吧唧的还能这么好吃,你一定骗人。"阿难脸一红就急了:"才没有,昨天我妈妈还用那些长得丑丑的奇形怪状没人要的黄瓜腌了一大瓶酸黄瓜。""到时候给我尝尝啊。"阿难闷哼一声别过脸去。"好了嘛,这说明你妈厨艺高。"藕盒外头的面粉糊炸得脆脆的,一口咬下去嫩白的藕

块还能拉出丝来。阿难缓了脸色,点了点头说:"一周后就可以吃了,夏天特别下饭。"

菜场最热闹的就是早晚两个时段,晚市差不多的时候,阿难妈妈就招呼阿难送一瘸一拐的我回家。随手塞了两个水萝卜给我,又从腰兜里掏出两个鸽子蛋给阿难:"晚上吃土豆饼好伐?豇豆卖完了,下次妈妈再做红烧豇豆。"阿难很懂事地点了点头。我道了谢,跟着阿难出了菜场。阿难分了我一个鸽子蛋,两人一边剥着壳一边有一搭没一搭地聊天。"我妈每天早上 3 点半起床,给我做好带去学校的盒饭,4 点出门拿货,5 点半到菜场摆摊,晚上收拾好到家大概 6 点了,卖剩啥菜晚上我们就吃啥。不过我妈本事大,啥菜一过她的手就是好吃。"阿难吞下最后一口蛋,闷闷地说,"我不想我妈那么辛苦,说了好几次不让她早起做饭,可我妈一直坚持。"

我拍着她的肩说:"那是你妈待你好。""我晓得,但我还是担心她累着。"阿难瘦瘦高高,穿着双塑料带襻的透明凉鞋,走起来"踢踏踢踏"地响,"真希望快点长大啊。"夕阳的余晖斜着洒了一地,照得阿难的影子又细又长。

后来我脚伤养得差不多的时候就被妈妈接回了家,待到放假再回去的时候,阿难家已经搬走了,听奶奶说他们搬到市里去了。之后很长一段时间,每次跟妈妈去菜场我都留心那些卖蔬菜的摊位,却再也没见到过阿难他们。

再后来跟妈妈去敦煌玩,导游介绍立像的时候,我才知道佛祖的常随侍者就叫阿难,阿难的梵语本意原来是欢喜。

姚欢喜,现在我们都长大了呢,你过得可好?可欢喜?

妈妈的便当

材 料

牛里脊 50g

彩椒 1/3 个

米饭 80g

三文鱼 50g

青豆粒、玉米粒、
胡萝卜丁 各10g

椒盐粉 2g、
孜然粉 少许

步 骤

STEP 1

 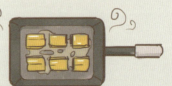

①牛肉切成 2~3cm 见方的小块，不粘锅
中少油两面煎透，撒椒盐粉、孜然粉

②彩椒切成 2cm 见方的块，
少油煎熟

③用牙签将牛肉和彩椒一块一块地串起来

STEP 2

①三文鱼切丁,与胡萝卜丁、玉米粒、青豆粒一起少油煎熟

②拌入椒盐粉、孜然粉,与米饭一起搅拌均匀

③手掌沾点水揉搓饭团

STEP 3

挑选喜欢的水果切块装盘即可

放 手

下午的时候从名古屋机场转机,在入境处排队。因为只有一个小时的转机时间,大家还是显得有些焦虑。小满排在我的前头,快轮到我们的时候她转身跟我说:"妈妈,等下我自己过去办理好了。"我一愣没回过神,又问了一遍。小满很肯定地点了点头:"我想自

放 手

己过关。"看我有些懵怔,她又补充道:"就我一个人,妈妈。"

办理过关的柜台有些高,以前都是我领着,因为身高不够,按指纹的时候我还要抱着她。小满拉了拉我的衣角小声说:"妈妈快把护照和单子给我吧,要轮到我了。"我有些不知所措,我还没有让她独立过关的打算。毕竟在国外,一来觉得按指纹拍照递单子一套流程也不简单,二来出关之后她需要独自一个人在外头等我们,我不是很放心。

放 手

小满看我犹犹豫豫，又扯了扯我的衣服，"妈妈，你是不信任我吗？""没有没有。"我下意识地摆手。她"嗖"地就从我手中抽走了护照："你不要担心哦，我知道怎么做的，等下我就在拐弯的地方等你们。"还没等我叮嘱几句，她就拉着小行李箱小跑着去了过关口。我有些忐忑，双眼紧盯着她，显然她的身高还是不够的，踮起脚扒着柜台露出半个脑袋跟工作人员问好。他们似乎交流得很好，我看她递交资料、伸出两个大拇指按手印，盯着摄像头拍照，结束了还和工作人员互相鞠躬再见。她回头俏皮地跟我示意，我赶紧给她竖了两个大拇指。

待我匆匆办好入境，小跑着去找她时，便见她坐在行李上，悠闲自得地东张西望。看到她的时候我提着的那口气才松了下来，她爸爸走上来拍了拍我："你啊，要学着放手呢。"他们父女俩愉快地击了掌，一前一后去坐电梯。看着她雀跃的背影，生出些许惆怅、些许欣慰。

知食　美食里的亲子时光

放 手

转机很顺利,因为还有些时间,我们就跑到机场四楼的"天空之城"。在这个露天的大广场上,看着一架架飞机沿着自己的跑道呼啸着起飞,划出漂亮的轨迹,然后消失在层层的云雾中。不禁感慨:愿我的孩子能健康平安地成长,有机会去体验不同的文化和环境,也愿我在放手的课程里,多留信任与祝福。

前些天小满和我一起收拾碗筷,我整理好垃圾准备下楼的时候,她已经穿了鞋等在门口,"妈妈我去扔垃圾吧。"我不知怎么回应这个好意:"呃,可我顺便还要去外面拿快递呢。""丰巢对吧?我帮你啊。"她拿了我的手机,提着垃圾麻利地下了楼。

我赶紧跑到书房的窗户边张望,看她有些吃力地提着垃圾,用力扔进垃圾桶,然后又蹦跳着往前头去。过了好一阵子,抱着快递盒摇摇晃晃地从楼下的小道经过。进门的时候先把手机还给了我,笑着说:"妈妈,你的手机我保护得很好哦,不过你的快递真的好重。"我接过来,果真很沉,说道:"你走得太急了,本来就想告诉你是外婆寄来的红衣花生呢,那么大一袋,当然重啦。"她眼睛一亮,开心地叫起来:"哇,那这次做什么好吃的呢?""花生酪吧,做好冰起来,吃起来就跟花生雪糕似的。"她兴奋地围着我转圈:"妈妈你要教我怎么做啊!"

花生酪

材料

花生 100g　　糯米 40g　　冰糖 15g

步骤

① 花生、糯米分别浸泡3小时，花生剥去红衣

② 一起放在搅碎机里加水500ml 打成米浆，注意打得细一些

放 手

③米浆过筛

④将米浆水倒入锅中,加入冰糖,中火加热,注意要不停搅拌

⑤待起糊状即可起锅,最后可以撒上一些坚果或果脯

物尽其用

厨房里很多不起眼的食材都是宝贝,比如大蒜。看着其貌不扬,却是调味的上佳佐料。用刀背拍扁切碎,和生姜末一起放热油里翻炒,满屋子蒜香味,无论是继续加主料煸炒还是加汤炖煮都衬得香味更加浓郁。当然用工具压成蒜蓉,铺在开背虾上或者扇贝粉丝上,或蒸或烤,都是催生最佳美味的绝对法宝。

家里露台的空花盆里种了不少蒜瓣,到了时令还能吃上新鲜的蒜苗。边上的花盆也插了小葱,栽了薄荷。这些东西都极易生长,不管不顾腾腾地冒芽蹿个儿。按照妈妈的话说,一来烧菜炖汤随取随用派上用场,二来也算是省了些许花费。

该花的要花，能省的就省，这就是从小妈妈灌输给我的金钱观。

和小满一起逛街，在穿过和义大道的商场去超市的路上，她被橱窗里展示的漂亮鞋子吸引，拉着我去看："哇，好美的鞋子，贴了这么多漂亮的钻石呢！妈妈，你应该穿高跟鞋的，跟我们音乐课的赵老师一样，那样才漂亮。"服务生很热情地来招呼，礼貌地让我试穿。小满刚学习了 100 以内的加减法，所以饶有兴趣地个十百千地盯着价目牌数价钱，"妈妈，这个是 8580 元。"她举着鞋子给我，

"你试试吧,穿了肯定跟公主一样。"我接过鞋子还给服务生,"这么贵,妈妈好像买不起诶。""可是你不是刚买了笔记本电脑吗,你说要一万多元啊,还有你的烤箱你说也要一万多元啊,都比这个贵。那你怎么买得起?"

"你问的真是一个很有意思的问题,"我牵起她的手离开柜台,"我买得起一万多元的电脑,买得起一万多元的烤箱,但我买不起这八千多元的鞋子,也买不起这里一个上万的包,是因为这高跟鞋、这包对妈妈来说没有多大的用处,而电脑、烤箱是妈妈工作生活中每日都要用到的东西,我认为它们很有价值,能产生很大的效益,所以这样的花费才是我付得起的价钱。"

知食　美食里的亲子时光

060

小满显然因为没有买漂亮的鞋子而有些情绪低落:"可是你偶尔也可以穿的啊,比如说来参加我的家长会。""那么贵买来只是偶尔用一下是不是太浪费了?""那也是,电脑呢,你要写东西,要查资料,要画画,每天都在用。烤箱呢,每天都有好吃的变出来,确实比鞋子这些有用得多。"她歪着头自言自语。我转念一想又问她:"还有啊,你是觉得妈妈平时穿球鞋,背双肩包不好看吗?"小满一愣,马上摇头说:"那倒也没有,你是最好看的妈妈。""哇,

你这么会拍马屁,奖励你一个冰淇淋好了!""真的吗?"她拍着手开心地围着我绕圈,"哦对了,早上不是还剩了几块吐司?等下去超市记得提醒妈妈买黄油,给你做蒜香吐司吃,可别浪费了那几块面包。"小满点着头乐呵呵地补充:"还可以用外婆种的大蒜。"

这个花花绿绿的世界总是让人眼花缭乱,大多数的我们都在量力而行,脚踏实地地生活。只不过在限制中,生活还是会有一百种有趣和幸福的可能,更何况,日子是过给自己的,自己觉得舒服便好了。

"蒜香吐司"

材料

吐司 4~5片

黄油 50g

蒜 4~5瓣

香葱 1小把

盐 2g

步 骤

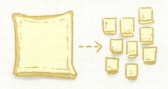

①吐司切成2cm见方的小块

②黄油软化备用

③大蒜捣成蓉，香葱切成细碎末

④将吐司块、蒜蓉、香葱末、黄油和少量盐放在大碗里搅拌均匀

⑤上烤箱，无须预热，平摊在烤箱上，120℃温度下上下火烤29分钟即可

你慢慢来

最近的天是热疯了,一开门热气便劈头盖脸地袭来。待到夜里,大团大团憋闷潮热的暑气仍旧盘踞不散,冰箱里的冷饮成了救命稻草,空调整日整夜没命地呼呼吹。"六月逃命",古人老话(宁波方言)真是一丁点没错。

每天下午三点半,烈日炎炎,蝉鸣厚厚,我和小满顶着毒日头出门。这段时间她要去学游泳,假期结束学校有测试,要求倒是不高,能游 5 米就行。只是太阳火辣、热气滚滚,踏在柏油马路上,皮肤晒得生痛,连鞋底都好似要烫化了一般。

小满倒是开心得很,每天都早早换好泳衣,收拾好东西等在门后,一路蹦跳地跟我去游泳馆。一共十次课,第一天教练就说了:放心吧,大多数孩子七八节课就能学会了。小满第一次下水,乐不可支,在水里扑腾得很猛,但正儿八经开始学憋气的时候,她显得很是局促紧张。回家的路上,她紧紧拽着我的手说:"妈妈,我有些害怕。"我宽慰了她几句,告诉她这些害怕都是正常的,按照教练的方法大胆地练习就可以了。她点点头没有吱声,回家便很自觉地趴在地上练勾脚的动作。

第二天的时候,小满就在泳池呛了水,趴在扶栏上吧嗒吧嗒掉眼泪。我远远望着,看她转着脑袋四处找我,没找到,失落地继续趴着抹眼泪。教练过去安慰她,她吸着鼻子挂在扶栏上练蹬腿,远远看着,又瘦又小。晚上洗澡的时候见她端了脸盆自己在憋气,小脸绷得通红,我啧啧地夸她勇敢,她不好意思地抹了把脸,小声说道:"今天就我哭鼻子了呢。""可我觉得哭鼻子也没什么不好意思啊!"我拿干毛巾帮她擦头发,有一搭没一搭地继续跟她聊着:"本来人害怕啊,难过啊,不舒服啊就会流眼泪的,而且哭了之后是不是觉得舒服一点,也不那么害怕了。"她点点头,又有些兴奋地说:"妈妈,我好像有点会憋气了,我憋一个给你看看啊。"

后面两天好像还挺顺利。小满学会憋气了，可以绑着浮板划着水前进了。但一拆掉浮板，她就像个手脚乱蹬的小青蛙，扑腾地猛抓教练。一直到第七节课，一同来学的小伙伴已经可以让教练带着游深水区了，而小满还处在游两下就猛抓人的状态。游泳课结束后我陪她坐在泳池边，她怏怏的，有些失落，我递水给她喝，她摇摇头，"我做不好，妈妈。""可你一直很努力地在做了。""但还是不能自己游起来。""已经比昨天进步了，昨天只能自己游两下，今天可以游三下。""可是别人已经能自己游到深水区了。""可你的姿势很漂亮，不是吗？"她点点头，一动不动地望着深水区，"我也会游到那里去的吧。""当然了，也许明天就能游过去了。"她捏着小拳头，低声给自己加油，然后转身就"咚"地跳下水去回头跟我说："那我再练练，你等我。"我点头，看她又开始一遍遍做蹬腿划水的动作。泳池里的人已经换了两拨，小满瘦瘦的身体还在泳池里竭力地划水。我站在岸上有些感动，她好像是学得慢了点儿，不过又有什么关系呢，她那么努力，即便害怕也没有退缩，不是已经很棒了吗。

晚上，我和她一起做芝士条，我说明天游泳课的时候带去补充能量，她搓着面粉条笑着说："我要给教练带一些，他一直在教我。"过了会儿，她又想起来说："教练今天还叫我小困难户。"说完自己也忍不住笑了："不过我现在不那么害怕了。"

知食　美食里的亲子时光

接下来的两天，她还是不能放手畅游，但似乎一天比一天进步一些。最后一节课下水前，她悄声对我说："妈妈，我觉得今天应该可以了。"果然啊，教练带了两次之后，她真的自己游了起来。她兴奋地咧着嘴朝我笑，举着手跟我比"耶"，我也高高竖着大拇指跟她示意。

她游过来趴在岸边抬头跟我说："妈妈，我跟教练说要去深水区，他同意了。"她自信地转身入水，努力地挥手臂划动，用力地蹬腿，粉色的泳帽一起一落。我突然怀念起这周折而又有些艰难的十天。面对困难，帮她建立信心，给予鼓励与陪伴，保持信任与耐心，直到她自己战胜障碍。

孩子的成长中有这样一系列的经历，以后无论在怎样黑暗困苦的日子里，也总能满怀期待地看见远处微亮闪烁的光点。

芝士条

材料

低筋面粉 250g　　马苏里拉芝士 80g　　黄油 20g　　鸡蛋 1枚

芝麻 少许　　糖 20g　　盐 2g

步 骤

①将黄油和马苏里拉芝士隔水加热融化

②低筋面粉过筛，加入盐和糖搅拌

③将黄油芝士融化液和面粉混合，并加入1枚鸡蛋揉合成面团

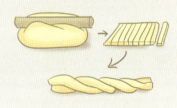

④将面团擀成薄片，切成长条，捏住两头拧成麻花状

⑤刷上蛋黄液，撒上芝麻

⑥烤箱预热，180℃上下火烤25分钟

我们的餐桌

每天早上我都会早起给小满准备早餐,用小锅热牛奶,煎个太阳蛋;或者加些香菇丁,放几颗虾仁做水蒸蛋;偶尔也吃白煮蛋,切开来在嫩嫩的蛋黄上撒一层胡椒粉,再配上一些蔬菜牛肉条卷饼吃;有时切片吐司嵌上西红柿片、芝士片做烤帕尼尼。要是步骤复杂的就头天晚上先准备好,早上起来加工一下也算方便。

如果下午能赶上去接她,我就给她带便当,切一些水果,煎几块牛肉或者三文鱼。偶尔时间充裕就捏个小饭团或者烙个鸡蛋仔。她该是很期待的,因为每次揭开便当盒,总是抑不住地满心欢喜,一路上边往嘴里塞吃的,边叽叽喳喳地说个不停。

我们的餐桌

知食　美食里的亲子时光

我们的餐桌

我很少带小满外食,晚餐总是尽可能地在家里吃,算不上丰盛,但也会精心搭配。家里头的粗茶淡饭跟星级酒店的精致大餐是没法相提并论的,但胜在家常和其乐融融的氛围。一家人围坐在一起,热汤热菜,橘色的光晕温暖地洒了一屋,杯盏相碰的叮当声中好像一天的疲惫都被驱得精光。孩子在餐桌上眉飞色舞地讲述学校的各色事情,大人也会分享工作中的喜悦。谈及各自的困扰,互相宽慰勉励一番。偶尔也聊到鸡毛蒜皮的八卦小事,免不了一阵乐呵。

一直以来觉得和食物捆绑在一起的记忆都特别美好,尤其是餐桌记忆。印象中妈妈都习惯早起做饭。旧时还用蜂窝煤,要封过夜,待到第二天开了盖就能用火。清早睡眼惺忪间就能听见"次嚓"的炒菜声。妈妈每天早上都会炒两个新鲜的小菜,待我上桌就端上热乎乎的白米饭,她总说:"天亮(早上)饱,一日饱,才能精神饱满地读书上课。"晚上回家,餐桌上形形色色摆了一桌,妈妈系着围裙招呼我洗手,一家人坐拢,边吃边听着父母聊着家长里短,偶尔也一起高谈阔论当下的时事政治。在小小的餐桌上,父母教我做人做事的道理,我跟他们分享成长的各种烦恼,那其乐融融的氛围至今想起来都是给我带来源源不断温暖力量的源泉。

我们的餐桌

兔子面包

材 料

吐司面包 1片

芝士 1片

火腿片 1片

海苔 1片

番茄酱 少许

步骤

①吐司面包切边后用擀面杖擀平

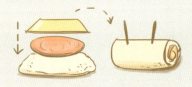

②吐司上平铺一片芝士和一片火腿,卷起来用牙签固定(牙签固定在两个耳朵位置)

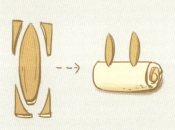

③用吐司切下来的边切出两只耳朵,插在牙签上固定

④用海苔做兔子眼睛与鼻子,用番茄酱点在两腮上作为兔子的胭脂

家传梅子肉

小时候奶奶常做豆皮包黄鱼,算是家乡极有名的特色菜。

里头用的是东海的小黄鱼,秋天来的时候,菜场上一筐筐摆着,透着新鲜。鱼鳃亮红,鱼鳞泛着银光,鱼背上有淡淡的黄色。这种本地小黄鱼只需撒几粒盐巴往锅里一蒸,拿出来用筷子一挑,鱼肉鲜嫩细腻,入口柔润爽滑。

每次蒸锅一端上桌,奶奶就会戴上老花镜用尖头筷子小心翼翼地把鱼刺剔掉,留出一小碗雪白的鱼肉,用薄如蝉翼的油豆腐皮卷起来,切成小块,进油锅一翻炸,捞出时油皮上还有油末星子呲啦作响,每次我都忍不住一边烫得卷了舌头,一边呼呼地边吹边往嘴里送。一口下去,外头的豆皮炸得嘎嘣作响,里头的鱼肉鲜美清香。

家传梅子肉

多余的豆皮奶奶也会卷起来切成小段一并炸了,脆嘣嘣的,沾着白糖吃也美味得不得了。那些包了小黄鱼的精品货色,吃饭的时候总会被推到我跟前,奶奶坐在边上笑得眯着眼睛一遍遍问:"囡囡好吃伐?囡囡要小心鱼刺哦。"我就塞得满嘴,嘟囔着回答她:"好吃好吃,放心没有鱼刺,剔得很干净啦!"

后来奶奶得了眼疾,开了刀,她怕剔不干净鱼刺便不再做豆皮包黄鱼了。不过奶奶是那种闲不得的人,也没有因为她的眼疾心生多少

沮丧,她没有怠慢生活,照样把自己收拾得妥帖清爽。朝有花暮有茶,日子照旧有滋有味,我们的餐桌也依然丰富生动。

奶奶改做梅子肉了,也用油豆腐皮,不过里面包的是瘦精肉,葱姜蒜剁碎和肉末一起搅打着上劲,奶奶的秘诀是肉馅里要加小块带皮的厚肥肉,也一同切成末子码匀了卷进豆腐皮,把长卷切成小段入油锅里炸,捞出来黄澄澄、油亮亮的,外头香脆,里头嚼起来劲道

知食　美食里的亲子时光

088

Q弹,因为加了肥油,肉质松嫩,免了柴。吃的时候蘸点陈醋,就格外香了。奶奶总会夹着送到我嘴边,还是笑得眯着眼睛一遍遍问:"囡囡好吃吗?这个没有刺,可以放心吃。"我还是塞得满嘴地点头,"好吃好吃,奶奶做得都好吃。"又摇着她胳膊央求她:"奶奶你得教会我,我以后也要给我孙女做的。"只记得奶奶笑开了花,搂着我乐得直哈哈。

前天周日,午后围着小饭桌坐下,灶台边上有剩下的肉馅,妈妈翻了冰箱说,"有油豆腐皮,炸些梅子肉吧,你小时候最爱吃的。"小满在小桌子上折纸玩,一听就凑到外婆跟前去了,一老一小两个

人有说有笑地捣鼓出一大盘,端上桌的时候,看着金灿灿的一盘竟恍如隔世。小满拿手抓了一块,边叫着好吃边烫得龇牙咧嘴。妈妈在旁笑着跟我说:"同你小时候一个模样啊。"边说边夹了块呼呼吹凉去喂小满。我提了筷子去蘸陈醋,放进嘴里的时候,便觉得几十年前的味道又回来了。

时光煮雨,静静流逝。但还是有很多东西可以这样一代代地传承下去,比如食物的味道,比如亲人间的爱,还比如对生活发自内心的喜爱。

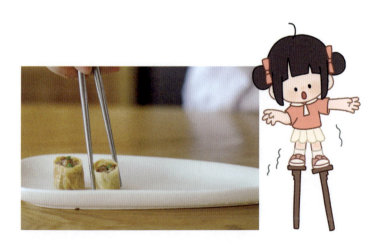

家传梅子肉

◁梅子肉▷

材料

里脊肉 200g

油豆腐皮 1张

葱、姜、蒜 适量

盐 2g

胡椒粉 2g

步骤

① 里脊肉切成肉末，葱、姜、蒜剁成末

家传梅子肉

②加入盐、胡椒粉,所有材料放入碗里按顺时针搅拌上劲

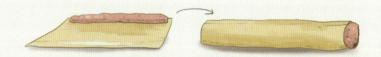

③油豆腐皮摊开,将搅拌好的肉泥码成长条,
卷上豆皮,收口处蘸一些清水,卷成长条

④将卷好的长条切成小块,刷层薄油,放入空气炸锅,170℃烤15分钟。
也可以放入烤箱,170℃上下火烤18分钟

彩虹面

小满嗜面，我便常做。

宽的、细的、长的、扁的，变着法儿，换着浇头。大多数时候她很捧场，偶尔也腻。便问她想吃什么，她歪头琢磨半天，可想不出新花样，又绕回来，"还是吃面条吧，妈妈，可是能吃点不一样的吗？要那种又好吃又好看的。"

灶台上放着刚洗净的蔬菜，碧绿的叶子泛着水珠，映着亮亮的光，映射出小小的彩色世界。小满靠在窗边剥橘子，一使劲橘汁湿漉漉地喷了我一脸。我倒了大半碗的面粉，她仰着头问我："妈妈，我们今天到底做什么面呢？"

彩虹面

"你吃彩虹面吗？那种五颜六色的。"她塞了一嘴的橘瓣咧着嘴直点头，又嘀咕道："要用什么材料才能做出彩虹这么漂亮的面条呢？"

我剥了新鲜的火龙果去打汁，用红汁和面，又择了碧油油的菜叶，和了绿色面团，"厨房还有什么颜色呢？"小满嘟囔着在厨房里翻了一圈，紫色的甘蓝，金黄的南瓜，橙色的胡萝卜，她忍不住感叹："原来厨房里藏了那么多的颜色。"

我们和了五颜六色的面团,擀成薄薄的面皮,叠在一起切成细细的五彩条;用小模具扣出一个个小花,用筷子在花朵的两侧稍稍一夹就成了一个漂亮的蝴蝶结;又顺手揪了指甲盖块大小的面团,用拇指轻轻地在寿司帘上往下一按,就卷起来成了一个小海螺。小满看得直了眼。

彩虹面

我在灶台下面片的时候,她支着脑袋守在旁边,翻滚的汽泡卷着五颜六色的面条浮浮沉沉。窗外头的木栾已经红了顶,缀了一串串红灯笼似的果子,有风透着纱窗吹进来,带了若有若无的桂花香,又薄又轻。她又忍不住感慨起来:"妈妈,锅里有花,窗外也有花,可真美。"

秋蝉喳喳地叫得热闹,锅里的热气暄腾腾地扑了一脸。

可不是?天地有大美而不言。

楼下的小径渐渐铺满了黄叶,落脚下去沙沙作响,边上栽了两棵香泡树,是上了年纪的老树,上头挂满了碗口大的青果子,随着风轻轻地荡。黄昏里有执手散步的老人,白发一飘一飘,夕阳洒了一圈,光阴从容地映在他们身上。秋天的悬铃木下,有下班归家的人,手里提了一捆芹菜,该是刚从田里头割下来的那种,翠白色,

嫩得能掐出水来。有十三四岁的少年少女骑着单车飞过，校服外套吹得鼓起了大球，红扑扑的脸上满是胶原蛋白。妈妈打电话来，絮絮叨叨地叮嘱，帮我添了什么，又缺了什么，声音轻而慢。

又到了一年中最舒服的辰光，家里好像也迎来了秋天。露台上晒了切得薄薄的果蔬干，已经半干卷了边儿，桌上摆了石榴，剥出来红玛瑙似的晶莹剔透，卧室里收了薄毯，换了水洗棉的小被，闻着有太阳的香味。

在这悠荡荡的寻常光景里，万物都在有序地生长，万物也都藏了欢喜美好的模样。

蝴蝶面 & 海螺面

材料

胡萝卜 100g　　菠菜 100g

红心火龙果 100g　　南瓜 100g

面粉 300g

香油 2g　　盐 2g

步骤

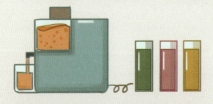

①胡萝卜、红心火龙果、南瓜、菠菜
　分别加水榨汁备用

②分别加入适量面粉揉成
　光滑面团，醒半小时备用

彩虹面

③将面团擀成1~2mm厚的面皮，用模具扣出花朵形状

③从面团中揪出一小块

④用筷子将花朵两边夹拢，成蝴蝶形状即可

④用大拇指按住小面团在竹帘上从上往下按压，成海螺形状即可

⑤待水沸腾后将面放锅中煮5~6分钟，最后加入适量香油和盐即可

狗狗的幸福

小区南边的街上有家宠物店,沿街的玻璃橱窗上挂了各种花花绿绿的小衣服和项圈发饰,时不时有主人抱或牵着各自的猫儿狗儿进进出出。我和小满出来买红枣,刚巧落雨,便拐到宠物店的檐棚下避雨。

狗狗的幸福

檐棚下还有两个被雨水挡回来的人。一个约莫二十几岁,怀里抱着白色的小贵宾犬,小狗刚修了毛,脑袋圆乎乎的很可爱,脖子上系了红色的波点三角巾,配了同款的公主纱裙,四只脚上还都穿了纱制的小鞋。另一个上了点年纪,牵了条黑白色的边牧犬,大狗很安静地趴在一旁,看着路上车来车往。

大概是因为在小区里遛狗所以早就熟识吧,她们很热络地聊了起来。年轻女子怀里的小贵宾犬扭着屁股,探着脑袋一直不安分,主人拗不过便放它下来。小狗像雪团似的,红纱裙撑起来衬得更加憨态可掬。地上被雨水打湿了大片,小狗穿了小鞋踱两步就开始打滑,一个趔趄摔了个窘样。两个女人都被逗得哈哈大笑,年轻女子迈了小碎步,一把捞起小狗嗔道:"让你不要下来么伐(不)听,摔倒了吧,有没有摔疼啦?"边上年长的女子摸了一把"小雪球"笑道:"现在的狗真是好福气啊,家里订酸奶,一人一瓶,它也一瓶,嘴巴多少刁啦,狗粮不拌上肉骨头它闻都不闻一下。"年轻女子不住点头道:"跟我们家的一样,精着呢。"说着看了一下大边牧犬羡

知食 美食里的亲子时光

慕地说:"你们家的狗脾气真好,安安静静的。"年长的女子哈哈一笑:"哪里的事,我给它套了止吠圈,所以不敢叫了,老实多了。"

外头的雨吧嗒吧嗒打着塑料棚,她们你一言我一语地聊着,突然身边冒出个脆生生的叹息声:"唉,这狗可真可怜。"我一激灵,抬眼就迎上了两道齐刷刷的白眼,我的小祖宗啊,我尴尬得也顾不上雨了,拉着小满赶紧离开。

一路小跑着到家,我开始埋怨她乱讲话,她有些忿忿,"妈妈,你看不出那些小狗不开心吗?"我一愣,随口说:"这你都可以看出来?"她很严肃地抬头对着我说:"狗自己有毛,又不需要穿衣服穿裙子。本来能在地上跑来跑去,偏给它穿鞋,连正常走路都走不好了。还有那个不让它叫的圈,狗都变成哑巴了,它们会高兴才怪。"

我竟被她说得哑然,半晌才回过神来:"比起那些流浪猫狗,也算命好的了。"她哼了一声:"你问过它们吗,也许它们更愿意自由自在地去流浪。"

我闭了嘴,觉得自己真没有什么发言权,默默提了红枣进厨房,她也过来帮忙,热气腾腾的糯米枣很快就蒸好了。我们都喜欢吃,觉得是糯米的加入综合了枣的甜腻,连带着糯米夹心也有了枣香,两者很是相得益彰。

我看她闷闷的,随口逗她:"糯米配香枣,甜蜜蜜;小狗配花裙,惨兮兮。"她停了筷子瞅了我一眼,叹口气说:"小满配辅导班,也是惨兮兮。"

我一颗枣刚吞了一半,顿时觉得卡得上不去也下不来,好不容易咽了下去笑着问她:"我给你报班,你,不讨厌我吧?"她啪地放下筷子,若有所思:"目前还行吧。"然后咚地跳下椅子扬长而去。

我哭笑不得地待在原地,突然开始担忧起若干年后她的青春期了。

糯米香枣

材料

红枣 20颗

糯米粉 60g

步骤

①红枣洗干净浸泡半个小时

②去红枣核（可以用吸管尖头从枣的中心部位戳入，用力转几下，穿透红枣）

狗狗的幸福

③将红枣一边切开，
注意另一边不要切断

④糯米粉加40ml温水揉成团

⑤揪下一个团搓成小拇指粗细
的细条，塞入红枣内

⑥将处理好的红枣放入蒸锅，
水开后大火蒸8分钟即可

⑦装盘时可以根据自己的口味淋上适量蜂蜜、
或撒上一些糖桂花

绝版鸡肉丝

国庆长假回来,实验室的学生们大包小包拎了一堆吃的,铺了一桌面。用油糖炒的芝麻大枣,裂了口的烤板栗,油亮透红的大虾干,炸得酥脆的小油果,还有各种下饭的腌菜、炸酱。一圈吃下来个个腆着肚子,小雯豪气地说道:"临出门我妈又给我做了一大袋手打牛肉丸子,晚上请你们尝正宗的永安大丸子。"原本死气沉沉的实验室中,顿时食色生香起来,每个人都开心地咧着嘴乐,做起事情来都好像特别灵光了些。

不由想起我念书的光景,那会儿我也盼着回家。每次回去,总会先去乡下看奶奶,奶奶的第一句话永远都是:"囡囡啊,怎么又瘦了呢,一定没吃好吧。"可事实是我的肥肉屯了一圈又一圈,下巴都

快三层了。说着奶奶便会喜滋滋地拐进里屋,抱着铁皮饼干罐出来:"喏,囡囡最喜欢的鸡肉丝。"

奶奶做的鸡肉丝,真是一绝。

用的都是自家养的土鸡,还得挑胸脯的那两片肉。下沸水,玉色的鸡肉很快就泛了白色,捞出来过一遍冷水,按着鸡肉的纹理一丝一丝用手扯开。小石臼里搁上花椒粒、孜然、白豆蔻、丁香,再加些粗盐巴,用石杵捣烂,散在鸡肉丝上,用手抓匀。有时候奶奶还会

加陈皮，剪成细细的条状，也搁一块儿拌上，腌上个把小时就可以上土灶了。

小时候我也帮着烧过火，奶奶说灶火不能太旺，不然就一下焦黑了。鸡肉丝倒进大铁锅里，要用那种炸东西用的长筷子不停地翻动，把肉丝翻松了才能均匀

知食 美食里的亲子时光

受热，烘出的鸡肉丝才能脆香好吃。可我总没这个耐心，猫着腰不停地翻炒是又累又磨性子的苦差事，每次奶奶都会笑着一边挖苦一边赶我："没耐心的猴精，玩去吧。"

后来到外地念书，去奶奶家的机会越来越少了。可每次回去，她总是大包小包备着各色好东西。土鸡蛋埋在米糠里，一个个掏出来拿皱纹纸包了；装好的新笋干都是打卷的嫩尖牙；田里的时令货尽挑相貌好的装了麻袋；还铁打不动地捎上一铁皮罐的鸡肉丝，也不知道她猫在大灶前多久才能攒满这一罐子。

奶奶走了很多年了。可一闭上眼，她老人家拿着长筷子猫着腰的样子恍若眼前。实在想念的时候，我就自己做。仍旧没有灶上翻炒的耐心，只是将就着用烤箱或是空气炸锅代替了，虽然依旧香脆，但终归是找不回奶奶的味道了。

鸡肉丝

材料

鸡胸肉 200g

椒盐粉 3g

胡椒粉 3g

孜然粉 2g

步骤

①鸡胸肉过水焯熟

②晾凉之后按鸡肉纹理撕成鸡肉丝

绝版鸡肉丝

③加入胡椒粉、孜然粉、椒盐粉，（还可以加入五香粉）搅拌均匀

④放入空气炸锅170℃加工15分钟，中途搅拌一下帮助受热均匀（没有空气炸锅可用烤箱替代，预热后160℃上下火烤20分钟）

永远在喊减肥的妈妈的最爱

晨光老板娘和梅龙镇点心师傅

前两天接小满放学,路上她突然很认真地跟我说:"妈妈,今天老师问我们长大以后想做什么?""那你怎么回答啊?"我正拉着她过马路,随口问她,心里头想大概都是科学家、宇航员、白衣天使、人民教师这些老套路吧。她笑嘻嘻地撇着头看我,有些得意地说:"我想当晨光的老板娘!"

马路对面就是晨光,一家门面窄窄卖文具的小铺子,肚子圆滚滚的老板娘倚着店门正笑盈盈地和人聊天,手里剥着橘子,一瓣一瓣往嘴里丢。我心里一激灵,忍着笑问小满为什么,她无比羡慕又渴望地望了一眼胖老板娘,掰着手指跟我说:"你看她有一柜子各色各样的橡皮和彩笔,墙上都是好看的贴纸,还有一摞各种花色的本子,还有还有,她有一大盒变色戒指啊。要是这些都是我的,那我要开心得飞起来了。"

"可是你每天守着这么一家小店会无聊的吧?"

"怎么会?我会很忙的。我要把马克笔按照赤橙黄绿青蓝紫的顺序排起来,这样你们进来就能看到一条彩虹。那些漂亮的笔记本要一

本一本封面朝外放,不能像现在这样随随便便叠着,那么好看的封面别人都看不到了。"她仰着脖子乐呵呵地又说:"我还卖编织橡皮筋。要是小朋友不会编手链,我就坐在门口,让他们排好队我一个一个教他们,学得又快又好的就奖励收获卡,十张收获卡可以换一张贴纸。"她眨巴着眼睛,笑得眯成了小月牙。

我牵着她的手,她叽叽喳喳地还说个不停。正走着她又突然停下来望着我:"妈妈,我当老板娘了应该会很忙的,可能中午没有时间回家吃饭,你来给我送便当好吗?"我笑着点头,她开心地抱了我一下,又蹦跳着往前,哼着小调快乐又满足的模样。

到家的时候,外婆正在做点心。蒸了紫薯,调了紫薯泥,一半包了芝士馅,一半包了枣泥馅,都搓成圆溜溜的小丸子,搁芝麻碗里来回滚。小满见了两眼放光,抓了几个吃。

知食　美食里的亲子时光

我洗了手去帮忙,一边搓丸子,一边就说起了路上的事,妈妈听了一扬眉毛就乐了:"挺好挺好,跟你小时候挺像。"

"我……我应该志向很远大吧?"

妈妈瞟了我一眼,嘴角噙着笑,慢悠悠地说道:"小时候带你去梅龙镇吃饭,你看着人家点心师傅做东西就挪不动步子,拉你走

知食　美食里的亲子时光

的时候一个劲说以后要来梅龙镇当点心师傅,回家好长一阵子天天用橡皮泥捏各种糕点。"

她拍了拍手上的面粉又一字一句说道:"我当时就想啊,我女儿以后成了个点心师傅也蛮好,自己喜欢,还能养活自己,那真是幸运喽!"

"那现在这份工作我也还喜欢,而且也能养家糊口了。"

"所以啊,"妈妈转身掸了掸身上的面粉,"你就心存感激,好好干吧!"

芝心紫薯球

材料

紫薯 180g　　芝士 2片　　黄油 15g

面粉 20g　　糖粉 25g　　芝麻 适量

步 骤

① 紫薯蒸熟去皮,压成紫薯泥

② 黄油隔水软化

③ 黄油、糖粉、面粉,
与紫薯泥一起搅拌均匀

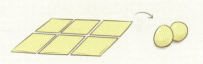

④ 芝士片切成小块,
搓成圆球备用

⑤ 揪一个块紫薯泥,按照包汤圆
的方式包入芝士球,并搓圆

⑥ 将紫薯球裹满芝麻,放入
烤箱,170℃上下火烤20分钟

乐观的太阳蛋

小满的班级要竞选中队委,我问她准备去吗?她骨碌碌地转着眼睛说:"去啊,我想当体育委员和宣传委员。"过了会儿又说:"我还是去竞选宣传委员吧,我好像更擅长画画。"她邀请我帮她一起准备竞选演讲,我提了一些建议,她愉快地接受了。

鼓励了一番之后,我还是蛮扫兴地多问了一句:"要是没选上呢?"她正埋着头写演说词,随口答道:"那就不当呗。"想了想又抬起头笑着央求我,"那你帮我去晨光买个中队长标志吧,我在家里挂,我是咱们家的宣传委员,你是卫生委员,爸爸是体育委员。"说完自己仰着头哈哈大笑起来。

我的小满,是一个很乐观的孩子。她有着豁达和开朗的性格,真是让我感到无比幸运。

乐观的人,总是活得快乐些的,运气也总是更好些的。

前两天坐出租车回家,司机是个五十多岁的大叔,车子收拾得干净,前头还摆了个小兔子公仔,看我盯着看,大叔就乐呵呵地解释:"闺女给粘的,她说好看,我看着也挺可爱的。"大叔很健谈,我也找话题跟他聊:"现在满大街的快车、专车,出租车不好做吧?"

"生意跟以前比是差了些,"他顿了顿停下车,摆了摆手示意斑马线上的行人先过去,接着说,"每天多跑一两小时,生活总是够

的。"又朝固定架上的手机努了努嘴说道:"跟闺女学的,时髦玩意儿,现在我用手机接单。"

车里正放着歌曲,歌声清远悠长,我忍不住问他:"也是您女儿下的歌吗?"他哈哈地大笑起来,"是啊,我喜欢听邓丽君的歌,闺女说要换换歌满足不同乘客的需要,现在多听了也觉得蛮好听的。"

红灯的时候,他停下来拿起茶杯喝茶,侧过头来笑着跟我说:"等下给我个五星好评哦,我的司机排名是5006,这周要争取进前5000了。"

"嗯,大叔您服务很棒啊,5000名肯定没问题。"

乐观的太阳蛋

到了我家小区门口,我前脚下车,后脚就有人从小区里小跑着出来,开了车门钻进去,大叔的运气果真不错呢。

路边木栾树下有人推着自行车在卖花。花一桶一桶地扎在自行车后架上,铁皮桶上贴了标价:15元一把。我挑了太阳花,付钱的时候翻遍了包,还差3元,有些不好意思地跟卖花的老伯说抱歉,要不请他抽出两支。老伯很豪气地摆了摆手说:"不了不了,拿走吧。"边上正在挑花的大姐笑着逗他:"老头子,你这样子做生意要亏的哦。"老伯搓了搓手,眯着眼笑道:"自家地头上的,3元还亏得起,卖个高兴不更值当嘛!"我忙着道谢,还没走几步就听到后头大姐的声音:"你给我店里每周送次花吧,我把几个地址写给你啊。"

迎面有徐徐的秋风吹来,空气中还透着桂花的沁香,路边的木芙蓉已经开出了沉甸甸的花苞,太阳花水嫩嫩地被我捧在手里,阳光一照,水珠闪着晶莹的亮光,神清气爽,可真是令人愉快的一天啊。

我不由地加快了脚步,心里琢磨着得配合今天的心情做道应景的点心啦——那就太阳蛋吧。

乐观的太阳蛋

三丝太阳蛋

材料

胡萝卜 半根

土豆 半个

青瓜（北方城市称之为"黄瓜"） 1/3根

面粉 40g

鸡蛋 2枚

盐 3g、胡椒粉 2g

乐观的太阳蛋

步骤

①胡萝卜、土豆、青瓜
擦成细丝装入碗中备用

②在碗中加入2勺面粉和少量水,
与三丝搅拌均匀

③电饼铛上倒一点油,刷开,
将三丝糊环状铺在电饼铛上

④磕入鸡蛋,
加一些盐和胡椒粉

⑤合上电饼铛双面煎
六七分钟即可(也可以用平
底锅代替电饼铛)

鱼丸里的功夫

大多数住海边的人是极爱吃鱼的。特别是每年开渔节之后,大大小小的捕捞船热热闹闹地往外驶,然后满满当当地凯旋归来,渔民们便开始在岸边的海鲜市场吆喝着张罗起来,一箩筐一箩筐的生鲜堆在岸埠头上,满是海水的咸腥味。这个辰光,家里餐桌上鱼虾蟹便开始轮番唱主角。

奶奶有着 72 种本领来烧鱼,红烧、水煮、清蒸、油煎……翻着花样来拾掇。所以我们的嘴巴都被喂得刁钻,桌上哪天少了道撑场面的鱼菜,便觉得失了滋味,少了念想。所以每次休渔期奶奶便要换着法子张罗餐桌,好在没了海货还有河鲜,河里的鱼虽然及不上海里头的肉质鲜美,但奶奶每次捏着菜刀,一摸鱼鳞,就会放话:"哼,也不看看谁烧的。"

鱼丸里的功夫

河里的鱼总会带股子泥腥味,好像再多的葱姜蒜都压不下去。但是奶奶处理鱼,有她的独门秘籍。要从鳃盖下部边缘处,靠鱼腹部的方向下刀放血,这样处理的鱼上锅蒸,不放葱姜蒜都没有腥味,可惜我总找不准位置,到现在都没学会。

河里的鱼吃得比较多的就是草鱼。草鱼的肉质比较松软,鱼刺又多,嚼起来还嫌糊口。所以奶奶通常切了薄片,用香料老抽腌了晾晒,上油锅炸得酥脆,裹上糖醋汁做成熏鱼,或者就干脆打成鱼丸,或蒸或炸或烧汤都妙不可言。

奶奶做鱼丸先用刀刮出鱼肉茸,拌上调料,倒些黄酒,撒把香葱,再加几勺淀粉。放淀粉很有讲究,多了吃起来就一股子粉味,咬下去很是瓷实,弹不了牙。要是加少了,鱼茸又太散太松,缺了黏性,也容易把汤弄得浑浊。打鱼茸是对体力和耐心的考验,得要顺着一个方向用筷子迅速地搅拌,鱼肉才会饱涨起劲,上了劲道的丸子软而滑嫩,韧而Q弹,才算成功。小时候,我和小姑会凑热闹抢帮着奶奶打,打不了几下又互相推脱着嫌手酸给还回去,奶奶佯装着唬我们:"不肯花力气就想有好味道,天上哪里会有馅饼掉下来。"

奶奶常说做菜如同做人,日中则昃,月满则亏,一切都要刚刚好,烧菜加料都是这个理儿。小姑喜欢顶撞她,每次都会哼着鼻子反驳:"又中庸,又迂腐。"奶奶总会拿着筷子尾戳她额头:"你哟,撞撞南墙也好。"

可是刚刚好又谈何容易哦,有人做了一辈子鱼丸,终在这多一勺少一勺中不得要领。不过话说回来,要是撞撞墙就能悟到真谛,从此走上人生康庄大道,那这墙也撞得值了。当然前提是别把自己的血肉之躯给牺牲在墙根下了。

鱼丸里的功夫

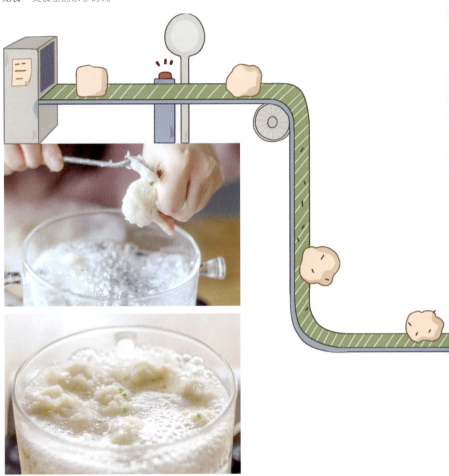

鱼丸里的功夫

咖喱鱼丸

材料

龙利鱼 150g

咖喱块 50g

胡萝卜、青豆、玉米丁 各30g

淀粉 20g

鸡蛋 1枚

盐 3g、胡椒粉 2g

葱、姜 适量

鱼丸里的功夫

步骤

① 龙利鱼剁成鱼茸装碗备用

② 葱、姜切成末加入碗中

③ 在碗中加入蛋清、淀粉和调料

④ 按顺时针搅拌上劲

⑤ 将鱼茸从虎口挤出,入沸水定型,捞出备用

⑥ 另起锅加水,加咖喱块化开,加胡萝卜丁、青豆、玉米粒煮沸,浇到鱼丸上即可

茶楼小聚

毕业多年的学生小胡来看我,我带她去慈城的小茶楼喝茶。

许久未见,依旧很亲切。好像还和多年前的那个冬天一样,她来西一三楼找我,给我看毕业设计的方案。我倚着大扇的玻璃窗给她指出问题,她突然开了口:"我面试了地方台的采编记者,应该差不多定了。"

我有些诧异,她设计类科目的分数都很高,我一直以为她会从事设计相关的工作。

"女孩子当记者会很辛苦。"我说。

"我知道。"她回答。

只记得那日午后的阳光金灿灿的格外耀眼,映着她的眼睛闪闪发光,笃定而又自信。

而现在,她已经是一位小有名气的编导,负责着一档高收视的王牌栏目。还拿了几个省级的个人大奖。

久别重逢,自是高兴。

我领着她上茶楼。小楼没什么人,我们落座,有个清瘦的年轻人过来招呼。

他双手递了茶单,我问:"有六安瓜片吗?"

他摇了摇头说:"有是有,但是立秋之后就不应该喝绿茶了,太寒凉,这会子入冬了,也就更不适合了,还是喝乌龙或者红茶吧。"

茶楼小聚

我"哦"了一声，抬头望他。二十来岁的男孩，长得干净，眉眼弯弯又很是喜气，"你有什么推荐吗？"

他翻了茶册，"可以选正山小种，细腻醇厚，还养胃；或者大红袍，清香悠长，茶汤也好看，一度度地从橙红变到明黄；普洱也好，普洱可以把人喝厚喝醉。"

我们相视而笑，不约而同说道："那就普洱吧，我们要借茶一醉啊。"

男孩利索地端来了茶具，很迅速地茶汤分离，

"动作好快！"我们在一旁叹道。

他一气呵成,泡好茶恭敬地递上,末了又说:"普洱的茶汤分离慢了,会有浊气,就失了淳朴与端然了。"

我忍不住问:"你很懂茶啊?"

他收拾着茶盏摇头笑:"起先都是不懂的,来了这儿工作才慢慢知道些。这里不时会有品茗会,我就站在一旁听。"

"打算一直做下去吗?"

"嗯,少一点钱也愿意干,因为自己特别喜欢,觉得快活安心,我妈看我开心也觉得好。"

"未来呢?"

他羞涩地红了脸:"想存点钱,和我女朋友一起开个小茶铺,她也特别喜欢茶。"

男孩端着茶托下楼,普洱醇厚的香气缓缓升上来,小胡坐在对面,喝得猛气烫了舌头,咧着嘴呲呲地吸气,我探头跟她说话:"跟你很像。"她回头望了一眼男孩的背影,也会心地笑。

工作中的凌厉艰辛在笑谈间好像都云淡风轻了,她托着茶杯轻轻地说:"也不是没怨过,但睡一觉冷静下来一想,发现还是自己最喜欢干的事。真的,只有一拿起话筒,才会觉得周身每个细胞都活过来了,这样想想也就觉得值了。"

茶楼小聚

"整天东奔西跑这么辛苦,家里人没意见吗?"

她微微挑了下眉,"也还好,只是偶尔给些建议,自己的人生,其他人都只是旁观者。"

"这话妈妈听了要生气吧?"

"不会,我妈很开明,信任我也很尊重我。"她笑着点开微信给我看,"我家的群。"我一看群名也忍不住笑出声来,赫然七个字:我家女儿是天才。

男孩又端着茶托上楼来,上头搁了两碗红红的羹,他端到我们面前说:"茶客送来一大酒坛的红曲米的酒糟,做了核桃酒糟羹,你们试试,冬天很暖胃,配茶点味道也很好。"

我们道了谢,一尝味道,醇香甘甜,真是好喝。

小胡的手机响起来,该是工作上的事。看她掏出随身的小本子,一边听电话一边认真地记录着。本子里的字密密麻麻,却又干净工整。我心中不由地想:"果真是这样的道理啊,喜欢的事情,总是能包容很多的怨言,即使遇到的不如意也会被不知不觉地缩小忽略。那么,自然干得也出色些,活得也就一天比一天更好了呢。"

在工作中能找到生命里的日常与欢喜。

酒酿核桃羹

材料

红曲米 100g　　酒酿 1碗　　桃胶 50g

淀粉 20g　　核桃碎 20g

步骤

① 桃胶提前一天浸泡，洗去杂质

② 将红曲米淘洗干净浸泡一下，加水熬煮成粥（红曲米煮开花即可）

茶楼小聚

③加入桃胶一起煮大约15分钟

④加入一个碗水淀粉，搅拌均匀

⑤加入一碗酒酿搅拌，快速关火
（酒酿烧得时间长了会发酸）

⑥喜欢甜的可以加一些蜂蜜，
再把核桃碎撒在上面即可

豆沙圆子

人的情绪总是起起落落,生活中不时会冒出来很多的措手不及和无可奈何,所以免不了苦闷烦恼。每个人大概都有不同的处理方式,有些人喜欢蒙头大睡;有些人胡吃海塞一番;也有人系了发带去健身房挥汗如雨;又或者调档综艺节目,抱袋薯片,拉上厚窗帘,看它个昏天黑地。

我的情绪缓解圣地就是厨房。开心了下厨,不开心了也下厨,开心了下厨就随意发挥,不开心了下厨专要挑那些个细碎麻烦的菜去做,似乎这样才能把苦闷统统地给驱散了。

这是我的方子,你们随意。

糯米蛋是我喜欢做的。要选那种圆糯米，比较糯口，在清水里浸泡上。火腿、胡萝卜切丁切丝。挑肉厚的香菇和小朵的木耳搁大碗里泡开，也都切成半个小指甲盖大小。还要些嫩嫩的青豆子，收拾干净。统统和糯米拌到一起，撒上芝麻，搁点香油，捏几粒盐巴，生抽老抽随着性子调。

然后要挑那种生的咸鸭蛋，蛋黄看着跟火烧云似的红彤彤的那种，小头朝上端端正正地坐上一会儿，蛋黄沉下去了便用铁勺子柄轻轻地把尖头给磕破，小心挖个口子，倒出蛋白。然后把拌好的糯米填进蛋壳中。可别贪心填得太满，糯米一蒸很容易发涨。也有讲究的人，整个蛋裹上锡纸，做好了就可以往蒸锅上一搁，一刻钟光景后香喷喷的糯米蛋就出锅了。

有时也捣鼓水果。选赣南的那种甜橙，没有打过油蜡，摸着是干巴巴了些，里头却是汁水充盈，甘甜丰润。橙子顶上切掉个小盖，用

长柄勺一点点地把里面的果肉掏出来,掏出的果肉和汁水用搅拌机打成泥,加些清水再加两片冰水浸泡过的吉利丁片,倒进小锅,架上灶头稍稍一煮。待凉了倒进橙皮里,搁冰箱冷藏个一两个小时,拿出来就是橙冻了。

牛肉酱也是耗时耗力的活儿。我喜欢牛腱子肉,又劲道又不柴,切成小丁,剁成肉末。剥一些蒜瓣,刀背拍扁,也细细地切成蒜末。香菇和黑木耳都需要泡发了,香菇提鲜,木耳带来爽脆的口感,都是牛肉酱不可或缺的配料。偶尔把花生米放进烤箱烘脆了,装进保鲜袋里，用大铁勺拍碎。然后把这些统统都搁进大锅里热油一炒，再倒上水，加上老抽、生抽、冰糖一起小火熬煮，待汤汁色泽油亮晶莹，撒一把白芝麻，收些汁水便算成事。

马口玻璃罐要拿开水烫了，一勺勺将牛肉酱舀进去，拧上盖子，一张张纸条上写好字，贴上封口，吃不完的都搁进冷藏室里。早上起来盛一碗白粥，舀一勺牛肉酱，呼呼地冒着白汽儿，极是鲜美。

豆沙圆子

豆沙圆子尤其适合冬天做。要买水磨糯米粉，慢慢加水搓成小圆子。糯米粉不好揉，水加多了就糊手，加少了粉又散了，必须得耐着性子一点一点添水，才能揉捏出湿度适中的团子。当然也可以用各种蔬果汁代替清水，那就能搓出彩

知食　美食里的亲子时光

豆沙圆子

色圆子了,一下水,五颜六色的一下炸了锅,自然心情也跟着明朗起来。

煮圆子之前可以先往清水里舀个几大勺的红豆沙,待到红豆沙咕嘟咕嘟冒泡了,再往里头搁圆子,调个水淀粉稍稍勾一下芡,若有桂花再撒上一把更是美味。

有时我还会切些水果丁。苹果尤佳,切成指甲盖大小,往红豆羹里一滚。吃起水果清香,圆子香糯,红豆甜口。有时翻冰箱,见着有酒酿,便也一股脑儿倒了进去。一勺进口,自是妙不可言。

在与慢条斯理的食物的相处中,苦闷阴霾也大都在一刀刀一勺勺中悄悄褪去了吧。

豆沙小圆子

材 料

糯米粉 60g　　　豆沙馅 120g　　　桂花 适量

豆沙圆子

步 骤

① 糯米粉慢慢加水揉匀，搓成长条，再搓成小圆子

② 冷水烧开加入豆沙馅，搅匀

③ 水开后加入小圆子，全部浮起后起锅

④ 最后撒上一些桂花即可食用了

大厨牌蛋炒饭

把最寻常的食材做成人间美味,这还真是需要功夫。比如蛋炒饭,几乎家家饭桌上都会出现,也几乎人人吃过。食材随手可得,冰箱搜罗一圈有什么放什么。至于做法,很多人大概会说不就是下油锅噼里啪啦一顿翻炒吗?其实越是这样的美食才越考验厨艺,好比青菜豆腐汤,倘若吊锅鸡汤煨透豆腐跟清水滚的那自然是天壤之别了。

蛋炒饭要炒得好,每颗米饭都要包裹上蛋液,看着颗颗金黄,那才标准。炒饭最好用隔夜的米饭,粳米饭是最好,劲道弹牙,新出锅的米饭还是少用,呼着热气很容易黏成一团。至于蛋炒饭的配料,那各家都有所好。奶奶炒饭的时候,喜欢用泡好的小香菇,那种肉厚的,切成小丁。还有金华产的陈年火腿,切成指甲盖大小的

大厨牌蛋炒饭

171

方块，一炒走油，饭粒儿上都借了香气。其他配料奶奶还喜欢用小葱，要先把葱白切小段下锅炒香，绿色的切成细丝留着最后出锅前一撒，紫红皮的洋葱也切成小块爆炒，要炒到打焦边儿才有甜味。

奶奶炒饭喜欢用热锅热油把饭粒儿炒蹦了，才下蛋。鸡蛋直接磕开，蛋黄蛋白一起滚到饭粒上，迅速地用铲背碾开，飞快地划动铲子，再将炒好的配料下锅，起锅前撒把虾子粉。虾子粉是用舟山的淡虾皮晒干晒透磨的细粉。再捏些盐巴，撒上香葱。

大厨牌蛋炒饭

母亲炒饭喜欢用海鲜。大虾用滚水灼熟,剥出来切成小丁,蛤蜊或者花蛤用清水养上半天,吐尽了泥沙也往沸水里一滚,捞上来剔出贝肉。海鲜作辅料的蛋炒饭就更不需要味精了,鲜虾贝壳的鲜味也让米粒沾了光。蔬菜用的是胡萝卜丁和青豆粒,有时也会加些玉米粒。母亲的炒法有别于奶奶。她每次都会打散鸡蛋,一半蛋液先翻炒出锅,一半蛋液留着跟隔夜饭混在一起,拌匀了下油锅炒,再将炒好的鸡蛋和其他配料一起搁下颠上几下,盛出来倒也是颗颗米粒裹着蛋液,金灿灿的煞是好看。不过她总会笑着说奶奶那种炒法才是高手,手要匀要快。她学不会,只好讨巧先用蛋液拌了。

蔡澜先生有篇文章,也说蛋炒饭,大概意思是说炒饭不能死守一法,太单调便失去乐趣了。可以芥菜小葱炒饭配些鱼露,也可以豪华奢侈拆了螃蟹肉和蟹膏一起来炒,又或者用龙虾肉来代替鲜虾,不过要用中国南海的龙虾，肉质才不粗糙。不过先生也说，高贵的食材都属险招，偶尔用之以补厨艺的不足是可以接受的，吃多了就腻。而什么是炒饭精神？它只是种最简单的充饥烹调而已。

各家各味。至于有没有粒粒裹上蛋液，颗颗金黄，有没有用什么讲究昂贵的食材，说到底都没那么重要，所谓最好的炒饭便是我家人喜欢吃，这就足够了。

牛肉蛋炒饭

材料

牛里脊 50g

鸡蛋 2枚

青豆、胡萝卜、玉米粒 各30g

隔夜米饭 适量

胡椒粉、盐 各2g

葱花 适量

步骤

① 2枚鸡蛋打散备用

② 牛肉切丁,小葱切小段

大厨牌蛋炒饭

③将一半蛋液入热油锅，
迅速翻炒出锅备用

④将牛肉丁和胡萝卜粒、青豆粒、
玉米粒一起入油锅翻炒备用

⑤将剩下的一半蛋液倒入
隔夜米饭中搅拌均匀

⑥将裹好蛋液的米饭入油锅，大
火翻炒，待蛋液凝固，倒入已经炒
好的鸡蛋、牛肉和蔬菜丁一起翻炒

⑦加入盐和胡椒粉，出锅前撒上
葱花即可

一点小心思

大概是着凉,发了高烧。脚软绵绵的都站不住,请了假就叫出租车回家。一上车,就有暖暖的花香,突突跳的太阳穴都好像舒缓了些。司机是个四十来岁的大姐,握着方向盘的手戴了双雪白的手套。

"是白缅花吗?"我问道。

"对哦,鼻子真灵,很少有人闻得出。"她好像很高兴,又补充道:"我特别喜欢这个味道。"

"我也喜欢,只是白缅花的花期过了吧,这么冷的天,还有花吗?"

她噗嗤地笑出了声,拿手晃了晃挂在反光镜上的绸缎小包,"是我自己晒的干白缅,十月份开始就挂干花,来年5月新花开了再晒些。暖气一吹,干白缅闻着更香。"

"你真有心。"

大姐乐呵呵地说道:"这可是花钱都买不来的东西哦。"

闻了一路的花香,头痛都好似缓解了些。下车路过边上的童书馆,店里的店主橙子探头跟我打招呼。她穿了银红色的斜襟长袍,领口上别了手绣的鸢尾花胸针。

"真漂亮呢!"我忍不住夸道。

一点小心思

知食　美食里的亲子时光

她浅笑盈盈地说:"自己绣的都忘记了吗?"

我定睛又细看了下,拍了脑袋,果然是自己前几年绣的小玩意儿,"大概是烧糊涂了吧。"

"怪不得你脸颊那么红。"橙子拉我进了书馆,她煮了石斛水给我,用的水蓝色的马克杯,上头还漂了几片新摘的薄荷嫩叶。

"石斛水下热,薄荷嫩芽跟烫水在一起格外清香,喝了嗓子也会舒服些。"她说着用牛皮纸给我包了些石斛,又嘱咐道:"回去记得煮水喝。"

我捧着杯子跟她搭话:"你的东西都真好看,你的水也好喝。"

她弯了眼睛笑出了声:"有吗?"

"有!"我回答得很笃定,"你的书馆特别温暖,你的奶茶特别香甜,你的牛肉面也特别好吃,还有石斛水和鸡蛋饼。"

"被你说得我好像不是开书馆而是开餐馆的了。"

我们都哈哈大笑起来。

"可能是我们都愿意多花一点小心思吧。"

她浅影落落,阳光透过玻璃洒了她一身,看着格外温暖与安静。

生活大概最需要的就是这样的小心思吧，就像冰冷的窗台因为爬满了蔷薇而有了生命；四面墙壁因为有了用心的布置和摆设而成为温暖的家；寻常的食物也因为花了心思搭配调理，成为孩子念念不忘的家常菜。

一点小心思

秋葵厚蛋烧

材 料

鸡蛋 3枚

秋葵 2根

盐 1g

步 骤

① 鸡蛋打散,加入一点温水继续打散,并加入适量的盐调味

② 秋葵去头尾备用,用开水焯一下

一点小心思

③在平底锅中倒入一点油,
将一部分鸡蛋液倒入锅中,
待到稍稍凝固放入秋葵,
然后将一边蛋皮卷起来盖住秋葵

④继续往锅中倒入鸡蛋液,
将一边蛋皮铲起继续包裹起来,
重复以上步骤,
直到蛋液全部用完

⑤煎制过程中用铲子
压平压实鸡蛋卷

⑥出锅切块即可

时间的力量

最近是觉得过得特别不舒心的一段日子。

工作上遇到了瓶颈,一直反复改稿都没有通过,"甲方爸爸"脸色阴沉,编辑也一直提出各种修改意见,农历新年前要上市的产品现在还捂在怀里,成了烫手山芋。

时间的力量

生活上,我和小满轮番生病,大概也是交叉感染。她鼻涕眼泪肠胃炎,我发烧头痛药物过敏,碰巧小满爸爸出差。我半夜耳温枪一打40度,挣扎着起来翻箱倒柜摸出四包清开灵,一口气全灌下,第二天天旋地转竟然还去上了两节课。

熬不过去,去了医院,我问医生:"吃什么药能快点好啊?"

看诊的医生应该是有了些年岁,花白了头发,抬头瞥了我一眼,答道:"仙丹!"他看我一脸错愕又补道:"感冒发烧都要个过程,只有慢慢恢复,哪里来的特效药。"

从医院出来接到编辑老王的电话,一接通我就开始抢白:"最近没有一点灵感啊,我也很着急,可我改来改去都觉得不好呢。"老王大概有些错愕,沉默了几秒说道:"我只是想问你身体还好吗?"

时间的力量

我有些尴尬,告诉他刚看完医生,已经吃了退烧药。他叹了口气说:"你最近可真急。"

走回家,路边的小摊正蒸了热气腾腾的米糕出来,大团大团的白汽氤氲地糊了眼睛。我要了两块,老板很热心地包了牛皮纸袋,怕烫手又套了塑料袋。我咬了一口,松软香糯,忍不住夸好吃。老板憨憨一笑,老板娘正巧端了一蒸笼出来,笑着接道:"我们用的都是

知食　美食里的亲子时光

水磨的黏米粉,三点多就从床上爬起来了,天气冷了,发米糊的时间需要更长,发足了才松口。"

奶奶以前也常做米糕,还要往里头加上核桃仁,红枣也剔了核切成小块一起拌到米糊里。每次奶奶盖了纱布在醒发的时候,我都耐不住揭开纱布去戳米糊,她见着了总会说:"莫急莫急,时间不发到,米糕就会瓷实,就失了松软劲了,一盆米糊也跟着全废了。"

"可是已经发得很大了诶。"

"还不够呢,好味道是要花时间的,急不得。你只要花时间花耐心,它就会回报你一个个蜂巢小孔和松软甘饴。"

推开家门,看到门边的鞋子,又听到叮叮当当的碗筷声。

"妈,你怎么来了?"

"不放心你们,还是过来看看。"

"你在烤啥:这么香。"

"烤了点百果麦香脆饼,你们生病嘴巴没味道,做点小零食。"

我歪倒在沙发里等着烤箱最后"叮"的声音,"妈,怎么还没好啊?"

"我调低了温度,所以得烤的久点,这样出来的饼才脆,又能上色

知食　美食里的亲子时光

又不会糊。"妈妈递了杯水给我,"你别着急,先眯会儿。"

我闭着眼睛缩在沙发里,好像在食物的制作中,时间真的拥有神奇的魔法。以前奶奶用白酒和盐泡咸鸭蛋,都会在罐子上贴条标签,写上日子,慢慢守着,等着蛋黄上油,那样子蒸好的咸鸭蛋,一筷子下去才有油冒出来。熬酱、泡酒好像也是这个理儿,酱要熬得浓稠,酒要甘醇,都需要耐着心性慢慢地等待。

这样想来,生活工作中又何尝不是呢?

今天看到蔡卿颖翻译的一篇日文短文,说我们的努力不一定会立即开花结果,不要焦虑、灰心,还是要坚持着自己的意志努力下去。因为在这样长时间的磨炼和等待中,生命的深度和广度也就这样子被一层又一层地堆积起来了。

好吧,祝福我们,都拥有努力的意志和等待的毅力。

百果燕麦脆饼

材料

燕麦片 150g　　面粉 30g　　蜂蜜 50ml

蔓越莓干、葡萄干 各40g　　坚果碎 30g　　巧克力豆 30g

时间的力量

步骤

① 将巧克力豆、果干和面粉倒入大碗中，与麦片混合均匀

② 根据口味加入蜂蜜，倒入 30ml 清水搅拌均匀

③ 在烤盘上铺上油纸，将燕麦糊倒在油纸上，用勺子背压实、压平整

④ 烤箱 180℃ 预热 15 分钟，180℃ 上下烤制 20 分钟后，拿出切片即可

有些菜就是热闹呀

天寒地冻的时候,我特别喜欢关东煮。大家伙围着炉子,一幅热热闹闹的景象。

煮这类东西氛围很重要,要大大的一锅。熬好汤底上电磁炉,放在餐桌的中央,煮开后用小火慢慢吊着。汤底咕噜咕噜地冒着气泡,升起一大团一大团的白雾,喧腾腾地罩了整个餐桌。这时可以往里搁各种串儿,荤的素的,油泡丸子都好。家人挤着一圈,不一会儿就被热汽糊了眼,还扑了一脸米粒儿似的水珠子。不过没有人顾得上这些,早已被香味诱得急吼吼地从锅里往外捞串儿了,接着又是一阵"嘶嘶"的龇牙声,果不其然,舌头都被烫得打了卷儿。

关东煮算是日本的地道小吃了,日本人称之为"御田"。不过美食

有些菜就是热闹呀

199

根本无所谓国界，只要好吃，哪里都会仿效着做，当然略去些精细烦琐的步骤，再加些自个儿的创意，就是方便的住家菜了。

关东煮很适合拿来当住家菜的原因，是因为它的食材实在是很随意，大概你能想到的，都能拿来烫。不过这汤底还是颇有讲究，类似白豆腐这些要借味的食材，尤其考验汤底了。正宗的关东煮汤底要用上好的昆布，配上木鱼花，再酌一些味噌，用大根压底（大根就是我们通常说的白萝卜），削去皮，切成大块，等煮到软烂，吸饱了汤汁，味道绝对鲜美惊艳。

有些菜就是热闹呀

我还看到过在汤底里加苹果块的煮法,是在去年去京都三千院游览时候。当时为了避雪,我们拐进小道边的一家铺子,燃气炉上吊了铁锅,正煮着关东煮,汤汁扑哧扑哧地往外吐汽。我们要了两碗垫肚子,顺带着喝碗热汤驱寒。汤里有略略的甜味,但又不是味噌的那种鲜甘。后来吃到底下的苹果块才想明白,原来是水果的果甜味,给汤带来了清香。

后来在家里做关东煮的时候自己又发挥了很多。汤底用大块的白萝卜、红萝卜,加几个干香菇、几片干木耳,市场上买的干海带用水冲

知食　美食里的亲子时光

有些菜就是热闹呀

洗干净了也不用泡发,加一把舟山的干虾皮,直接丢进去一起加水炖煮,着急了就用电压力锅焖一下。没有味噌可以直接用生抽,倒进去用长勺搅开,当然加美味鲜之类的就更好了。待到香菇木耳煮软,汤色呈淡琥珀色时,可以将准备的食材按照先荤后素的次序加入。

如若贪图方便,很多丸子、竹轮、鱼豆腐之类,市场上很容易买得到,当然讲究的都可以自己现做。我喜欢做白菜包。剥几片白菜叶子,在沸水里一烫捞出来,将猪腿肉剁成肉糜,加上姜蒜末,还可以剁进些蘑菇提鲜。用白菜叶将馅儿包起来,用牙签穿过封口。煮的时候,一个个碧绿的小口袋浮浮沉沉很是养眼。菇类可以直接用长竹签串起来,讲究的可以在香菇的面子上开出十字小口,焦面白芯,当然是好看的。丸子都可以自己手打,这是功夫活儿,得朝着

知食　美食里的亲子时光

一个方向花力气搅打,丸子才能上劲道,嚼着才香。八爪鱼、大虾这类海鲜,只要新鲜,烫着吃味道都很鲜美,只需要留心煮的时间不要过头,及时拿出来享用便好了。还有最不起眼的油泡、白豆腐、白萝卜块之类。其实这些都吸饱了汤汁里的精华,味道是毫不逊色的。

对关东煮的喜爱,大概除了美食诱人,还有很重要的一点就是很多人挤在一起,围着说话的氛围。外头是萧瑟瑟的风呼呼地吹,有细细的雪花拍着玻璃,屋里热气腾腾,有推杯换盏的叮噹响,还有彼此间的笑语欢声。

这,真是让人心生欢喜的热闹食物呢。

关东煮

① 制作汤底

白萝卜、胡萝卜、苹果切块，与海带和香菇一起下锅熬煮。

② 根据个人喜好选择食材

大白菜用热水焯一下，
将肉糜加葱、姜、蒜末和酱油调味，
包入大白菜，用牙签封口。

将调好味的肉糜填入油泡

鱿鱼　海带　牛肉　香菇　玉米　白蘑菇　虾　甜不辣　鱼饼　丸子
　　　　　　胡萝卜

按照先荤后素的顺序
将食材放入煮沸的汤底，
煮熟即可享用

小 住

年底的时候和小满相继生病。小满爸爸正忙着各地出差,妈妈不放心,便要求我们回家里住,可以方便照顾。其实平时也常去,但都是客厅小坐片刻,大概已经很久没有在妈妈家过夜了。因为我们的小住,爸妈忙里忙外,却显得格外地高兴。

我好喜欢妈妈的家,地板光洁锃亮,梨花木的沙发上摆了自己缝的坐垫和靠背,图案是大朵的凤穿牡丹。妈妈当时坐在缝纫机前笑着跟我说,年纪大了,喜欢热热闹闹的图样了呢。茶几上的白色搪瓷水壶外头套了粗毛线钩的壶套,边上小玻璃杯子洗得透亮。爸爸的书房里有大排的书架,虽然没有装玻璃柜门,却依旧一尘不染。卫生间的毛巾和浴巾好像还是好几年前一起在慈城乡下买的,这么多

小 住

年过去了，仍然浆洗得洁白。我的房间还和很多年前一样，念书时候剥了漆的钢笔还插在笔筒里，小时候的奖状都被妈妈收拾得整整齐齐搁在架子上，只是换了窗帘，是白色的条纹十字纱。灿灿的阳光穿过，洒在床铺上，连带着外头木栾的婆娑身影都摇曳在床上。

妈妈抱了被子进来，晒得又松又软，闻起来是阳光的味道和皂角的清香，她摊开被子跟我说话："加热的便座因为插头的缘故还是装不了，我就自己缝了几个套子，换洗得勤些，你们坐着也不冷了。"

"干吗要自己费神缝呢，去买几个就好。"对于妈妈凡事都亲力亲为的秉性，我总是觉得苦恼。

小　住

"倒是看过几个小摊上卖的，都是那种印花海绵，也不知道什么材质的，怕小满用了过敏，自己用的纯棉布，放心些。"

"做这种细活，肩膀没事吧？"妈妈的肩周炎每年都犯，做这种耗时费神的事真是令人担忧。

"没事，动动才好呢。"大概看我忧心又说道，"我有跟着电视做些瑜伽拉伸动作，觉得好了很多呢。"

正说着话，一直在厨房忙活的爸爸来叫开饭，妈妈笑着埋汰他："因为你们要来住，把冰箱都塞满了，昨天下午又拉着我去了趟菜场。"

我想起昨天爸爸打电话来问我想吃什么，我说只要老爸做的都好，他就在电话里呵呵地笑，"那我多烧点，馄饨吃吗？小时候你生病最喜欢吃的。"

我说，"好啊，可我想吃油炸的馄饨。"老爸犯了难，嘀咕了一会儿："还有低烧呢，得吃些清淡的，油炸的怕是不好吧。"

"可我馋。"

今天的餐桌上果真有盘炸得金黄的小馄饨。

"老爸你昨天不是说油炸的不好吗？"

爸爸搓着手呵呵地笑道："我只在馄饨上刷了点薄油，搁空气炸锅里炸的，不油，少吃几个不打紧。"

知食　美食里的亲子时光

小 住

晚上，妈妈给小满洗了澡，吃了药，按摩了脚底，让她早早上了床。看着时间差不多，又催我洗澡。小小的浴室早就开了暖气，还准备了新的毛巾和浴巾，换洗的衣物架在取暖器上，烘得热热的。脚垫是用旧浴巾拼接着缝的，踩上去又柔又软。突然间觉得，这应该是世界上最舒服的浴室了吧。

洗完澡我半躺在被窝里靠着床头看书，小满已经在边上睡熟，妈妈坐在小满脚旁叠衣服，我俩有一搭没一搭地讲话。台灯橘色的光晕暖洋洋地洒了半间屋子，映着妈妈温柔的侧影，我心中止不住地泛起暖意。

日子好美，几乎要落泪。

炸馄饨

材 料

大虾 200g　　猪肉 200g　　盐、胡椒粉 各2g

馄饨皮 100张　　葱、姜、蒜 适量

小 住

步骤

① 大虾剥壳去虾线，切成两段

② 猪肉切成肉糜，加入盐、胡椒粉、蒜末、姜末、葱末，调味拌匀

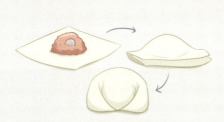

③ 将一个勺猪肉馅放入馄饨皮中心，加入虾肉，翻折两次，在馄饨皮两头蘸上一点清水，窝在一起

④ 给包好的馄饨刷一层油，放入空气炸锅，180℃，10分钟即可

学会爱人

小满放寒假了,我也放假了,我跟她都很期待待在一起的假期。

早上拉开窗帘,阳光洒了半屋子。小满在厨房忙活,她喜欢厨事,这点大概随我。我们说好一人负责一天的早餐,昨晚已经商量好了菜谱,今天她是值日生。

我开了吸尘器,她从厨房伸出脑袋:"妈妈,等下我来帮你啊!"我应了好又探着身子看她:她从冰箱里拿了昨夜吃剩的饺子,从油瓶里倒出了些油,麻利地给饺子刷了层薄油;又从储物的木盒子里掏出两块地瓜,用小板刷在水龙头底下细细地刷干净;回头从陶罐里摸出根年糕,沥干水切成了几块。然后把这些准备好的食材前前后后装进空气炸锅。家里的空气炸锅是朋友送的,我不同意她单独

学会爱人

使用煤气。因为有了这个新装备,好像突然开拓了她的厨艺领域。

饺子和年糕大概七八分钟就好了,饺子微微焦了边,年糕咬下去外头香脆,里头黏糯。小满学着我的样子给煎饺配了香醋,舀了一小勺豆瓣酱,用两勺热水化开,调了汁用来蘸年糕。那厢的电蒸锅里有鹌鹑蛋和水蒸蛋。我教过她做水蒸蛋,打散后要加温水,这样子蒸出来的蛋才能跟镜面似的。她记得很牢,依样画瓢,也做得像模像样。

她来招呼我吃饭,餐桌上筷子勺子摆得整齐,还有金橘水。

她笑着说:"金橘酱只剩个底了,我往瓶子里冲了水,都给晃荡干净了。一人一杯,就是太淡了。"

我喝了口夸她说:"勤俭节约,今天这个值日生要给100分了。"她有些得意也有些害羞,"其实我有些没做好,年糕块的油我忘记

学会爱人

刷了,所以吃着有些硬,水蒸蛋里的酱油和虾皮也忘记加了。"

"年糕是硬了点,不过脆脆的也别有滋味,水蒸蛋出锅加了酱油,也算一种做法。"

"不过妈妈,端水蒸蛋的时候我忘记戴隔热手套了,被烫了下。"

她突然叹了口气说:"妈妈,你也常被烫到吧?"

我点了点头,"厨房里干活,总是难免的。"

"妈妈你会觉得疼吗?"

"当然会了,但是常常会因为时间匆忙而顾不得那些疼痛了。"

确实除了周末,平日在厨房其实都挺匆忙。早餐匆匆,因为要赶着上班上学,晚餐也常因为下班晚了饥肠辘辘想着尽快出锅。

小满点了点头,又说道:"那些看起来很简单的事,其实做起来也是蛮辛苦的。"

我正吞下最后一块年糕准备收拾,看她若有所思便停下来听她讲话。

"做饭是,打扫卫生也是。昨天我帮外婆吸尘,外婆说要把踢脚线缝里的灰尘吸掉,我觉得很简单,但是还没把客厅吸完就觉得弓着背好累。"

"那后来呢?"

"后来我和外婆轮着吸的,我跟外婆说了,下次要吸尘记得叫上我。"

我听了觉得特别开心,用力抱了抱她。

每个人除了爱自己,也需要学会爱别人。而培养爱别人的能力也许可以从家事做起,孩子大概先要体会父母的辛苦,才会心甘情愿地为父母分劳。而一个家是需要每个成员的付出和分担的,孩子也一样,她也有自己的贡献。

学会爱人

金橘酱

材料

金橘 500g

冰糖 200g

盐 10g

步骤

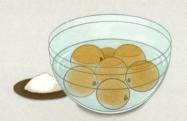
① 金橘洗干净，放在盐水里浸泡半小时

② 将金橘捞起对半切开，去蒂去籽

③锅中倒入一碗清水，
没过金橘即可，
按个人口味加入冰糖

④开大火煮沸后转小火慢熬，
需不时搅拌防止糊锅，
待金橘收汁呈黏稠状即可出锅

⑤用好看的玻璃罐密封装好